Arbeitsberichte der Akademie für Deutsches Recht

Herausgegeben von dem Präsidenten der Akademie für Deutsches Recht, Reichsminister Dr. Hans Frank

Nr. 11

Die Neugestaltung des deutschen Urheberrechts

Die Vorschläge des Fachausschusses für Urheber- und Verlagsrecht der Deutschen Arbeitsgemeinschaft für gewerblichen Rechtsschutz und Urheberrecht in der Akademie für Deutsches Recht.

1939

J. SCHWEITZER VERLAG

Berlin und München

Vorwort

Die nunmehr vorliegenden Vorschläge des Fachausschusses für Urheber- und Verlagsrecht der Deutschen Arbeitsgemeinschaft für gewerblichen Rechtsschutz und Urheberrecht in der Akademie für Deutsches Recht sind das Ergebnis der in vier Jahren im Ausschuß selbst und in Unterausschüssen geleisteten Arbeit.

Bei seiner Arbeit stand dem Ausschuß in dem Entwurf des Reichsjustizministeriums eine außerordentlich wertvolle Grundlage zur Verfügung. Dieser Entwurf, der zunächst als Entwurf eines Gesetzes über das Urheberrecht an Werken der Literatur, der Kunst und der Photographie mit Begründung durch das Reichsjustizministerium im Jahre 1932 veröffentlicht worden war, lag dem Ausschuß in der Fassung vor, die er 1933 nach der öffentlichen Diskussion des im Jahre 1932 vorgelegten Textes erfahren hatte.

Die Bedeutung des amtlichen Entwurfes als Ausgangspunkt der Arbeiten des Ausschusses hat sich nach Abschluß dieser Arbeiten durch die Vereinigung Österreichs mit dem Deutschen Reich in besonderem Maße bestätigt. Trotz mehrfacher Abweichungen geht das österreichische Bundesgesetz über das Urheberrecht an Werken der Literatur und der Kunst und über verwandte Schutzrechte vom Jahre 1936 auf die gemeinsamen Arbeiten zurück, die vor dem Entwurf von 1932 vom Reichsjustizministerium gemeinsam mit dem österreichischen Bundesministerium für Justiz zur Rechtsvereinheitlichung durchgeführt worden waren. Die sich aus der gemeinsamen Vorarbeit ergebende weitgehende Übereinstimmung zwischen dem deutschen amtlichen Entwurf und dem österreichischen Gesetz ist dann durch die Arbeiten des Ausschusses noch weiter verstärkt worden. Die Vorschläge des Ausschusses für die Neugestaltung des deutschen Urheberrechts sind daher nicht nur eine sinngemäße Weiterentwicklung des im alten Reich bestehenden Rechts, sondern ebenso eine Weiterentwicklung der in Österreich bestehenden Rechtsordnung.

Der auf der Grundlage des amtlichen Entwurfes durch die Ende 1937 beendeten Beratungen des Ausschusses neu gestaltete Entwurf eines deutschen Urheberrechtsgesetzes konnte daher ohne nennenswerte Veränderungen dem Präsidenten der Akademie für Deutsches Recht, Herrn Reichsminister Dr. Hans Frank, vorgelegt werden. Dem Entwurf ist ein zusammenfassender Bericht über die Vorschläge des Ausschusses beigefügt, der von dem stellvertretenden Vorsitzenden des Ausschusses, Herrn Richard Moser v. Filseck, verfaßt wurde. Gegenstand der Beratung durch den Ausschuß war dieser Bericht nicht. Der Text des Entwurfes wird nunmehr zusammen mit dem Bericht auf Anordnung von Herrn Reichsminister Dr. Frank der Öffentlichkeit übergeben.

Vom Beginn der Beratungen an wurde größtes Gewicht darauf gelegt, daß außer den sachverständigen Einzelmitgliedern des Ausschusses Vertreter des Reichsjustizministeriums, des Reichsministeriums für Volksaufklärung und Propaganda und der Reichskulturkammer mit den ihr angeschlossenen Fachkammern in allen Beratungen mitwirkten. Diese Mitarbeit ist auch von allen genannten amtlichen Stellen in dankenswertester Weise geleistet worden. Dabei ist von der Ausschußleitung stets betont und von den Vertretern der einzelnen Behörden auch anerkannt worden, daß jeder Vertreter einer Behörde nur für seine Person sprach, ohne seine Behörde zu binden oder auf eine bestimmte Auffassung festzulegen. Nichtsdestoweniger darf der Erwartung Ausdruck gegeben werden, daß durch das harmonische Zusammenwirken aller Beteiligten und die für die Gesetzgestaltung wichtigen Anregungen, die der Ausschuß gerade durch die Mitarbeit von Vertretern der zuständigen Behörden erhielt, eine wichtige Vorarbeit für die endgültige Verabschiedung des Gesetzes geleistet werden konnte.

Eine wertvolle Förderung seiner Arbeit verdankt der Ausschuß der wissenschaftlichen Abteilung des NS. Rechtswahrerbundes. Ferner hat sich in der schwierigen Frage der urheberrechtlichen Behandlung von Filmwerken die Zusammenarbeit mit dem von Herrn Staatsminister a. D. Professor Dr. Oswald Lehnich geleiteten Ausschuß für Filmrecht der Akademie für Deutsches Recht sehr fördernd ausgewirkt, so daß dank der gegenseitigen Ergänzung der in beiden Ausschüssen geleisteten Arbeit eine nahezu völlige Übereinstimmung in allen für die Gestaltung des Urheberrechts bei Filmwerken wesentlichen Fragen erzielt werden konnte.

Allen Mitgliedern und Mitarbeitern des Ausschusses, die in unermüdlicher Arbeit zum Gelingen des Werkes beigetragen haben, sei an dieser Stelle besonderer Dank ausgesprochen.

Stuttgart, im Dezember 1938.

Der Vorsitzende des Fachausschusses
für Urheber- und Verlagsrecht
G. Kilpper.

Inhaltsverzeichnis

Entwurf
eines Urheberrechtsgesetzes

(Auf der Grundlage des amtlichen Entwurfes von 1933 und der Vorschläge in den Ausschußsitzungen 1935—1937 festgestellter Text) *)

Abschnitt I.

Allgemeine Bestimmungen.

§ 1

Geschützte Werke.

(1) Werke, die Schöpfungen eigenpersönlicher Prägung auf den Gebieten der Literatur und der Kunst sind, werden durch dieses Gesetz geschützt.

(2) Hierzu gehören insbesondere:

1. Sprachwerke, wie Reden und Schriftwerke;
2. Tonkunstwerke;
3. Werke der bildenden Künste und Entwürfe dazu, darunter auch Werke der Baukunst und des Kunstgewerbes;
4. Filmwerke;
5. Tanzkunstwerke;
6. Zeichnungen, Pläne, Karten, plastische Darstellungen, Skizzen oder sonstige Abbildungen wissenschaftlicher oder technischer Art.

(3) Den Schutz genießt das Werk als Ganzes und in seinen Teilen.

(4) Den Schutz genießen auch Ausgaben fremder Werke, die das Ergebnis wissenschaftlich sichtender Tätigkeit und einer eigenpersönlichen Leistung darstellen.

---

*) Von einer besonderen Kennzeichnung der inhaltlich unverändert übernommenen Vorschriften des amtlichen Entwurfes konnte mit Rücksicht auf die Hinweise des gleichzeitig veröffentlichten Berichtes Abstand genommen werden.

§ 2

Bearbeitungen.

(1) Übersetzungen und andere Bearbeitungen, die eine eigenpersönliche Schöpfung des Bearbeiters sind, werden, unbeschadet des Urheberrechts am bearbeiteten Werk, wie Originalwerke geschützt.

(2) Ein unter freier Benutzung eines anderen Werkes geschaffenes, aber selbständiges neues Werk ist keine Bearbeitung.

§ 3

Sammlungen.

Sammlungen von Werken, deren Auslese oder Anordnung eine eigenpersönliche Schöpfung ist, werden unbeschadet des Urheberrechts an den aufgenommenen Werken wie Originalwerke geschützt.

§ 4

Freie Werke.

Verkündete Gesetze und Verordnungen, Entscheidungen, sowie solche anderen amtlichen Werke, die zum Zwecke allgemeiner Bekanntgabe veröffentlicht worden sind, genießen keinen Urheberrechtsschutz.*)

§ 5

Urheber.

Wer das Werk geschaffen hat, ist Träger des Urheberrechts (Urheber).

§ 6

Miturheber.

(1) Haben Mehrere gemeinsam ein Werk geschaffen, das eine einheitliche und in sich geschlossene Schöpfung darstellt, so ist jeder Miturheber.

(2) Wer nur durch einen unwesentlichen Beitrag die Schöpfung eines anderen ergänzt hat, genießt nicht den Schutz als Miturheber.

(3) Die Miturheber im Sinne des Abs. 1 bilden eine Gemeinschaft zur gesamten Hand. Sie können über das Werk nur gemeinschaftlich verfügen, insbesondere es nur gemeinsam in der Urform oder in einer bearbeiteten Form veröffentlichen oder verwerten. Verweigert einer der Miturheber seine Einwilligung zu einer gemeinschaftlich vorzunehmenden

*) Bisheriger Absatz (2): siehe § 33 Absatz (2).

Maßnahme ohne ausreichenden Grund, so kann die Einwilligung durch richterlichen Ausspruch ersetzt werden. Jeder Miturheber kann Verletzungen des gemeinschaftlichen Urheberrechtes verfolgen.

(4) Verzichtet einer der Miturheber vor Ablauf der Schutzfrist auf sein Recht, so wächst sein Anteil den übrigen Miturhebern zu.

§ 7

Verbundene Werke.

Werden Werke verschiedener Art, z. B. ein Sprachwerk und ein Werk der Tonkunst, im Einverständnis der Urheber miteinander verbunden, ohne daß die Voraussetzungen des § 6 vorliegen, so kann jeder von dem anderen die Einwilligung zur Veröffentlichung, Verwertung und Änderung der verbundenen Werke, sowie zur sonstigen Verfügung darüber verlangen, sofern nichts anderes vereinbart ist und kein ausreichender Grund für eine Weigerung besteht.

§ 8

Vermutung der Urheberschaft.

(1) Wer auf den Vervielfältigungsstücken eines erschienenen Werkes oder auf dem Urstück eines Werkes der bildenden Künste in der üblichen Weise als Urheber bezeichnet ist, wird bis zum Beweise des Gegenteils als Urheber des Werkes angesehen; dies gilt auch, wenn die Bezeichnung in einem bekanntermaßen benutzten Decknamen oder Künstlerzeichen besteht.

(2) Das gleiche gilt von dem, der bei einem öffentlichen Vortrag, einer öffentlichen Aufführung oder Vorführung oder bei einer Sendung des Werkes durch Rundfunk in der üblichen Weise als Urheber bezeichnet wird.

(3) Wird der Urheber nicht oder nur durch einen Decknamen bezeichnet, so gilt der Herausgeber oder, wenn kein solcher angegeben ist, der Verleger als berechtigt, die dem Urheber zustehenden Rechte wahrzunehmen.

§ 9

Veröffentlichung, Erscheinen.

Ein Werk ist veröffentlicht, sobald es mit Zustimmung des Berechtigten der Öffentlichkeit zugänglich gemacht worden ist. Es ist erschienen, sobald Vervielfältigungsstücke des Werkes mit Zustimmung des Berechtigten feilgehalten oder in Verkehr gebracht worden sind.

Abschnitt II.

Inhalt des Urheberrechts.

Das Urheberrecht.

§ 10

Das Urheberrecht umfaßt den Schutz des Urhebers in seinen eigenpersönlichen Beziehungen zu dem Werk (Urheberehre) und die Verwertung des Werkes in der ursprünglichen oder einer abgeänderten Form.

§ 10a

(1) Der Urheber bestimmt insbesondere darüber, ob und wie das Werk zu veröffentlichen ist. Ihm ist auch die Mitteilung des Inhaltes seines Werkes oder dessen Beschreibung vorbehalten, solange weder das Werk, noch dessen wesentlicher Inhalt, noch eine Beschreibung des Werkes veröffentlicht ist.

(2) Der Urheber hat das Recht auf Anerkennung seiner Urheberschaft an dem Werke. Er kann bestimmen, ob das Werk mit einer Urheberbezeichnung zu versehen und welche Bezeichnung zu verwenden ist.

(3) Der Urheber kann eine Veröffentlichung oder Verwertung des Werkes, die sein Ansehen oder seinen Ruf gefährden würde, auch dann verbieten, wenn er sie einem anderen überlassen hat, gleichviel, ob es sich um eine Veröffentlichung oder Verwertung in der Urform oder in einer abgeänderten oder bearbeiteten Form handelt. Er hat den vom Verbot Betroffenen angemessen zu entschädigen, soweit dies der Billigkeit entspricht.

§ 11

(1) Der Urheber ist insbesondere ausschließlich berechtigt:
1. das Werk zu vervielfältigen und zu verbreiten,
2. das Werk durch Rundfunk (Raumfunk oder Drahtfunk) zu senden,
3. das Werk öffentlich vorzutragen, aufzuführen oder vorzuführen,
4. ein Werk der bildenden Künste öffentlich zur Schau zu stellen,
5. ein Werk der bildenden Künste durch optische Einrichtungen öffentlich vorzuführen,
6. das Werk zur Herstellung eines Filmwerkes zu benutzen.

(2) Der Urheber hat ferner das ausschließliche Recht, die Veröffentlichung und die Verwertung einer Bearbeitung, insbesondere einer Übersetzung seines Werkes zu gestatten.

§ 12

Vervielfältigungsrecht.

(1) Das Recht, das Werk zu vervielfältigen, umfaßt alle Arten der körperlichen Wiedergabe, gleichviel in welchem Verfahren und in welcher Zahl die Vervielfältigungsstücke hergestellt werden.

(2) Eine Vervielfältigung ist auch die Übertragung der Wiedergabe eines Werkes auf Bild- oder Schallstücke.

§ 13

Verbreitungsrecht.

Das Verbreitungsrecht (§ 11 Abs. 1 Ziffer 1) bezieht sich nur auf Vervielfältigungsstücke. Sind Vervielfältigungsstücke mit Zustimmung des Berechtigten, um sie in den Verkehr zu bringen, übereignet worden, so ist ihre weitere Verbreitung kein Eingriff in das Verbreitungsrecht.

§ 14*)

Vortrags-, Aufführungs- und Vorführungsrecht.

(1) Unter Vorträgen und Aufführungen (§ 11 Abs. 1 Ziffer 3) sind auch solche zu verstehen, die mit Bild- oder Schallstücken oder dadurch veranstaltet werden, daß eine Rundfunksendung wahrnehmbar gemacht wird.

(2) Werden Vorträge, Aufführungen oder Vorführungen außerhalb des Ortes (Theater, Saal, Platz, Garten oder dgl.), wo sie stattfinden, mit Hilfe eines Lautsprechers oder durch ähnliche technische Einrichtungen öffentlich wiedergegeben, so gilt dies als besondere Veranstaltung.

§ 15

Verfilmungsrecht.

Das Recht, das Werk zur Herstellung eines Filmwerkes zu benutzen, umfaßt die ausschließliche Befugnis,

1. das unter Benutzung dieses Werkes hergestellte Filmwerk zu vervielfältigen und zu verbreiten,
2. es öffentlich vorzuführen,
3. es durch Rundfunk (Raumfunk oder Drahtfunk) zu senden,
4. die Verwertung von Übersetzungen des Filmwerkes zu gestatten.

---

*) § 14 des amtlichen Entwurfes (Senderecht) ist wegen Änderung von § 11, Abs. 1, Ziffer 2 gestrichen.

Abschnitt III.

Rechtsverkehr in Urheberrechtssachen.

§ 16

Übergang des Urheberrechts.

(1) Das Urheberrecht ist vererblich. Es kann nur in Erfüllung einer Verfügung von Todes wegen oder an Miterben im Wege der Erbauseinandersetzung übertragen werden.

(2) Der Rechtsnachfolger im Sinne des Abs. 1 hat die dem Urheber zustehenden Rechte, soweit nicht ein anderes bestimmt ist.

(3) Der Urheber kann auch durch Verfügung von Todes wegen einem Testamentsvollstrecker die Ausübung des Urheberrechts übertragen.

Werknutzungsbewilligung und Werknutzungsrecht.

§ 17

(1) Der Urheber kann einem Anderen gestatten, das Werk auf einzelne oder alle Verwertungsarten zu nutzen (Werknutzungsbewilligung). Auch kann er einem Anderen das ausschließliche Recht dazu einräumen (Werknutzungsrecht).

(2) Die Werknutzungsbewilligung oder das Werknutzungsrecht können auch räumlich, zeitlich oder in sonstiger Weise beschränkt erteilt bzw. eingeräumt werden.

§ 18

(1) Der Werknutzungsberechtigte kann die ihm vom Urheber eingeräumten Rechte Dritten gegenüber geltend machen.

(2) Werknutzungsbewilligungen, die der Urheber vor Einräumung eines Werknutzungsrechtes erteilt hat, sind gegenüber dem Werknutzungsberechtigten wirksam.

§ 19

Übertragung von Werknutzungsbewilligungen und Werknutzungsrechten.

(1) Zur Übertragung einer Werknutzungsbewilligung oder eines Werknutzungsrechts bedarf es der Zustimmung des Urhebers; sie darf nur verweigert werden, wenn ein wichtiger Grund vorliegt oder die Übertragung durch Vereinbarung zwischen dem Urheber und dem Erwerber

ausgeschlossen worden ist. Eine Vereinbarung, daß es zur Übertragung der Zustimmung nicht bedarf, ist unwirksam.

(2) Ohne Zustimmung des Urhebers ist die Übertragung zulässig, wenn sie im Rahmen der Gesamtveräußerung eines Unternehmens oder einer geschlossenen Gruppe des Unternehmens geschieht.

(3) Die Vorschriften des Abs. 1 gelten für eine Vereinbarung entsprechend, durch die der Werknutzungsberechtigte ohne Weiterübertragung des Werknutzungsrechts einem Anderen eine Werknutzung bewilligt.

§ 19a

Einräumung von Werknutzungsrechten und Werknutzungsbewilligungen zur Herstellung von Filmwerken.

(1) Die Einräumung des Rechtes, ein Werk zur Herstellung eines Filmwerkes zu benutzen, umfaßt die dem Urheber gemäß § 15 Ziff. 1 und 2 zustehenden Befugnisse als untrennbare Einheit und, soweit die Parteien nicht ein anderes vereinbaren, auch die sich gemäß § 15 Ziff. 3 und 4 ergebenden Befugnisse.

(2) Die gemäß Abs. 1 eingeräumten Befugnisse können, soweit nichts anderes vereinbart ist, nur einheitlich durch Verwertung des Filmwerkes, zu dessen Herstellung sie eingeräumt wurden, ausgenutzt werden.

(3) Trotz Einräumung des Rechtes, ein Werk der Tonkunst zur Herstellung eines Filmwerkes zu benutzen, behält der Urheber des Werkes der Tonkunst das Recht, von dem Veranstalter einer öffentlichen Vorführung des Filmwerkes eine angemessene Vergütung für die Vorführung zu verlangen. Hat der Urheber die Geltendmachung seiner Ansprüche nicht einer zugelassenen Verwertungsgesellschaft überlassen, so ist ausschließlich der Hersteller des Filmwerkes ermächtigt, diese Ansprüche für Rechnung des Urhebers geltend zu machen.

(4) Auf das dem Urheber eines Werkes der Tonkunst gemäß Abs. 3 eingeräumte Recht kann mit Zustimmung der Reichskulturkammer durch schriftliche Erklärung gegenüber dem Filmhersteller verzichtet werden.

§ 19b

Werknutzungsrecht kraft Gesetzes bei Filmwerken.

(1) Der Hersteller eines Filmwerkes erwirbt mit der Herstellung des Films das den Urhebern des Filmwerkes zustehende ausschließliche Recht,

1. das Filmwerk zu vervielfältigen und zu verbreiten,
2. das Filmwerk öffentlich vorzuführen,

3. das Filmwerk durch Rundfunk (Raumfunk oder Drahtfunk) zu senden,
4. die Verwertung von filmischen Bearbeitungen einschließlich Übersetzungen des Filmwerkes zu gestatten.

(2) Wird das Filmwerk derart verwertet, daß sein geistiger oder künstlerischer Gehalt beeinträchtigt wird, so hat der Hersteller Anspruch auf Unterlassung und auf Ersatz seines Schadens. Die den Urhebern des Filmwerkes und für den Film benutzter Werke gemäß § 10a zustehenden Rechte werden hierdurch nicht berührt; jedoch ist bei ihrer Ausübung angemessene Rücksicht auf die Belange der Miturheber und des Filmherstellers zu nehmen.

(3) Der Hersteller des Filmwerkes hat den Urhebern des Filmwerkes als Gegenleistung für das ihm kraft Gesetzes eingeräumte Werknutzungsrecht eine angemessene Vergütung zu zahlen.

(4) Unbeschadet des dem Filmhersteller gemäß Abs. 1 zustehenden Verwertungsrechtes behält der Urheber der zum Filmwerk gehörenden Musik das Recht, von dem Veranstalter einer öffentlichen Vorführung des Filmwerkes eine angemessene Vergütung für die Vorführung zu verlangen. Hat der Urheber die Geltendmachung seiner Ansprüche nicht einer zugelassenen Verwertungsgesellschaft überlassen, so ist ausschließlich der Hersteller des Filmwerkes ermächtigt, diese Ansprüche für Rechnung des Urhebers geltend zu machen.

(5) Auf das dem Urheber der zum Filmwerk gehörenden Musik gemäß Abs. 4 eingeräumte Recht kann mit Zustimmung der Reichskulturkammer durch schriftliche Erklärung gegenüber dem Filmhersteller verzichtet werden.

§ 20

Werknutzungsrecht kraft Gesetzes von Rechtsträgern des öffentlichen Rechts.

Rechtsträger des öffentlichen Rechts, die ein Werk herausgeben, ohne daß der Urheber nach § 8 Abs. 1 angegeben ist, erwerben, sofern nichts anderes vereinbart ist, mit der Veröffentlichung des Werkes das ausschließliche Recht, das Werk zu verwerten.

§ 21

Änderungen am Werk.

(1) Der Inhaber eines Werknutzungsrechtes oder einer Werknutzungsbewilligung darf, soweit nichts anderes vereinbart ist, das Werk, dessen

Titel oder Urheberbezeichnung (§ 8) nicht ändern. Zulässig sind aber Änderungen, zu denen der Urheber seine Einwilligung nach Treu und Glauben nicht versagen kann, namentlich Änderungen, die durch die Art oder den Zweck der dem Berechtigten gestatteten Verwertung des Werkes gefordert werden.

(2) Im Falle der Einräumung des Rechtes, ein Werk zur Herstellung eines Filmwerkes zu benutzen, gelten die Bestimmungen des Abs. 1 für das auf Grund der Rechtseinräumung hergestellte Filmwerk entsprechend.

(3) Hat ein Urheber, der an dem Werk eines Anderen nach dessen Weisung nur als Gehilfe oder in verhältnismäßig geringem Umfang mitgearbeitet hat (unselbständiger Urheber), dem Anderen das ausschließliche Werknutzungsrecht eingeräumt, so kann dieser auch das Werk ändern, sofern nichts anderes vereinbart ist.

(4) Die Vorschriften des Abs. 1 gelten bei Filmwerken sinngemäß zugunsten der bei der Herstellung des Werkes schöpferisch mitwirkenden Personen gegenüber dem Hersteller des Filmwerkes. Werknutzungsberechtigte bedürfen zur Vornahme von Änderungen, die nicht schon nach Abs. 1 Satz 2 zulässig sind, neben der Einwilligung des Herstellers des Filmwerkes auch der Einwilligung der vorstehend bezeichneten mitwirkenden Personen, sofern diese auf den Vervielfältigungsstücken oder in Ankündigungen des Werkes als Mitwirkende genannt sind.

§ 22

Eigentumserwerb an Werkstücken und Urheberrecht.

Überträgt der Urheber einem Anderen das Eigentum an einem Werkstück, so ist darin im Zweifel die Einräumung eines Werknutzungsrechtes nicht enthalten. Doch ist bei Werken der bildenden Künste der Erwerber eines Werkstückes im Zweifel berechtigt, es öffentlich zur Schau zu stellen, auch wenn das Werk noch nicht veröffentlicht worden ist (§§ 9, 10a Abs. 1, 11 Abs. 1 Ziffer 4, § 40 Ziffer 1).

§ 23

Pflichten des Besitzers von Werkstücken.

Der Urheber kann verlangen, daß ihm der Besitzer des Werkstückes dasselbe zugänglich macht, soweit das zur Herstellung von Vervielfältigungsstücken oder Bearbeitungen des Werkes notwendig ist; er hat bei Ausübung dieser Befugnis auf die Interessen des Besitzers Rücksicht zu nehmen. Der Besitzer ist nicht verpflichtet, dem Urheber das Werkstück herauszugeben; er ist auch nicht verpflichtet, es aufzubewahren oder vor Beschädigung oder Vernichtung zu schützen.

§ 24

Verfügungen über künftige Werke.

(1) Der Urheber kann auch über erst zu schaffende Werke verfügen.

(2) Soweit zwecks Erfüllung des Vertrages Rechte an künftigen Werken eingeräumt sind, diese aber bei Beendigung des Vertragsverhältnisses noch nicht fertiggestellt worden sind, wird die Verfügung mit dem genannten Zeitpunkt unwirksam.

(3) Verpflichtet sich der Urheber zur Einräumung von Rechten an künftigen Werken, die überhaupt nicht näher oder nur der Gattung nach bestimmt sind, so ist der Vertrag kündbar, sobald vier Jahre nach dem Abschluß abgelaufen sind. Das Kündigungsrecht steht beiden Teilen zu und ist unverzichtbar. Die Kündigungsfrist beträgt drei Monate, wenn keine kürzere Frist vereinbart ist. Andere vertragliche oder gesetzliche Kündigungsrechte bleiben unberührt.

(4) Für den unselbständigen Urheber (§ 21 Abs. 2) und für den Urheber von Filmwerken gelten die Vorschriften des Abs. 3 nicht.

§ 25

Auslegung von Verträgen über Werknutzungsrechte und Werknutzungsbewilligungen.

Wenn nicht das Gegenteil vereinbart worden ist, erstreckt sich die Bestellung von Werknutzungsrechten und die Einräumung von Werknutzungsbewilligungen nicht auf Bearbeitungen des Werkes. Ebensowenig erstreckt sich die Einräumung des Rechts, ein Werk zu vervielfältigen, darauf, das Werk auf Bild- oder Schallvorrichtungen zu übertragen.

§ 26

Gesamtausgaben.

Der Urheber, der einem Anderen das ausschließliche Recht eingeräumt hat, ein Werk zu vervielfältigen und zu verbreiten, darf trotzdem dieses Werk in einer Gesamtausgabe seiner Werke vervielfältigen und verbreiten, sobald seit dem Ablauf des Kalenderjahres, in dem das Werk erschienen ist, zwanzig Jahre verstrichen sind. Die Gesamtausgabe darf das Werk nur in der Form enthalten, in der es auf Grund der Einräumung des Werknutzungsrechtes erschienen war; sie darf nur geschlossen abgegeben werden. Die Befugnis des Urhebers zur Aufnahme des Werkes in eine Gesamtausgabe kann durch Vertrag weder aufgehoben noch beschränkt werden.

§ 27

Beiträge zu Sammelwerken.

(1) Ist ein Werk als Beitrag zu einem periodischen Sammelwerk (Zeitung, Zeitschrift, Kalender, Almanach oder dergleichen) angenommen worden, so bleibt der Urheber des Beitrags berechtigt, ihn anderweit zu vervielfältigen und zu verbreiten, wenn nicht aus den Umständen zu entnehmen ist, daß der Herausgeber oder Verleger des periodischen Sammelwerks das ausschließliche Recht dazu erworben hat.

(2) Der Urheber darf einen Beitrag, für den dem Herausgeber oder Verleger des periodischen Sammelwerkes das ausschließliche Vervielfältigungs- und Verbreitungsrecht eingeräumt worden ist, wenn nichts anderes vereinbart ist, anderweit vervielfältigen und verbreiten, sobald seit dem Ablauf des Kalenderjahres, in dem der Beitrag erschienen ist, ein Jahr verstrichen ist. Dasselbe gilt für Beiträge zu einem nicht periodischen Sammelwerk, für deren Überlassung dem Urheber ein Anspruch auf Vergütung nicht zusteht. Bei Schriftwerken, die einer Zeitung als Beiträge überlassen werden, ist der Urheber, wenn nichts anderes vereinbart ist, sogleich nach Erscheinen des Beitrags berechtigt, ihn anderweit zu vervielfältigen und zu verbreiten.

§ 28

Rückrufsrecht.

(1) Macht der Inhaber eines Werknutzungsrechts, gleichviel ob es ihm vom Urheber eingeräumt worden ist oder er es von einem Werknutzungsberechtigten erworben hat, von dem Recht keinen ernstlichen Gebrauch und werden dadurch berechtigte Interessen des Urhebers wesentlich verletzt, so kann dieser das Recht zurückrufen. Dies gilt nicht, wenn das Verhalten des Inhabers durch einen vom Urheber zu vertretenden Grund gerechtfertigt wird. Das Rückrufsrecht kann nicht vor Ablauf von zwei Jahren seit der Einräumung des Rechts oder, falls die Ablieferung des Werkes später erfolgt, von der Ablieferung ab geltend gemacht werden,

es sei denn, daß sich aus dem Vertrag oder dem Zweck der Rechtseinräumung eine andere Frist ergibt.

(2) Der Rückruf kann erst erklärt werden, nachdem der Urheber dem Berechtigten unter Ankündigung des Rückrufs eine angemessene Nachfrist zur Ausübung des Werknutzungsrechts bestimmt hat. Der Bestimmung der Nachfrist bedarf es nicht, wenn die Ausübung des Werknutzungsrechts dem Erwerber unmöglich ist oder von ihm verweigert wird, oder wenn durch die Bestimmung einer Nachfrist überwiegende Interessen des Urhebers gefährdet würden.

(3) Im Fall des Rückrufs endet das Werknutzungsrecht. Der Urheber hat jedoch den Betroffenen angemessen zu entschädigen, soweit dies der Billigkeit entspricht; Ansprüche auf Grund anderer Vorschriften bleiben unberührt.

(4) Auf das Rückrufsrecht kann im voraus nicht verzichtet werden. Auch kann seine Geltendmachung nicht im voraus für eine längere Zeit als fünf Jahre ausgeschlossen werden.

(5) Die Vorschriften der vorstehenden Absätze gelten entsprechend, wenn der Verleger die Herausgabe einer Neuauflage, zu der er berechtigt ist, oder der Inhaber eines anderen Werknutzungsrechts die weitere Verwertung des Werkes ohne einen vom Urheber zu vertretenden Grund binnen der im Abs. 1 bezeichneten Frist unterläßt. Diese Frist beginnt für die Herausgabe einer Neuauflage mit dem Zeitpunkt, wo die frühere Auflage vergriffen ist, sonst mit der zuletzt vorgenommenen Verwertung.

§ 29

Fälle unbeschränkter Einräumung von Werknutzungsrechten.

(1) Die Vorschriften über die Übertragung von Werknutzungsrechten (§ 19) und über das Rückrufsrecht (§ 28) gelten nicht:

1. für den unselbständigen Urheber (§ 21 Abs. 2);
2. für den Urheber eines Werkes, das von einem Rechtsträger des öffentlichen Rechts ohne Angabe des Urhebers herausgegeben worden ist (§ 20);
3. für den Urheber eines Werkes des Kunstgewerbes, das von dem Angestellten oder Beauftragten eines Unternehmens im Rahmen seiner vertraglichen Verpflichtungen für die Zwecke des Unternehmens hergestellt worden ist;
4. für den Urheber eines hergestellten Filmwerkes.

(2) Bei der Einräumung von Werknutzungsrechten an Filmhandschriften oder sonstigen Werken, die zur gewerbsmäßigen Herstellung

eines Filmwerks verwendet werden sollen, kann vereinbart werden, daß die Rechte ohne Zustimmung des Urhebers übertragen werden dürfen (§ 19); auf das Rückrufsrecht (§ 28) kann mit Zustimmung der Reichskulturkammer durch schriftliche Erklärung im voraus verzichtet werden.

§ 30

Zwangsvollstreckung.

(1) Das Urheberrecht als solches ist der Zwangsvollstreckung entzogen.

(2) In die dem Urheber nach § 11 zustehenden Rechte ist die Zwangsvollstreckung wegen Geldforderungen gegen den Urheber nur mit seiner Einwilligung zulässig; die Einwilligung kann nicht durch den gesetzlichen Vertreter erteilt werden. Gegen Personen, auf die das Urheberrecht gemäß § 16 Abs. 1 übergegangen ist, darf die Zwangsvollstreckung ohne ihre Einwilligung nur vorgenommen werden, wenn das Werk schon erschienen ist; die Vorschriften des § 19 bleiben unberührt.

(3) Die Vorschriften des Abs. 2 gelten nicht für Filmwerke.

(4) Dem Urheber oder seinen in Abs. 2 genannten Rechtsnachfolgern gehörige Urstücke (Handschriften) von Werken der Literatur oder Tonkunst unterliegen der Zwangsvollstreckung wegen Geldforderungen nur, wenn diese Personen einwilligen, oder soweit es zur Durchführung der Zwangsvollstreckung in ein Werknutzungsrecht notwendig ist. Dasselbe gilt für die den genannten Personen gehörigen Urstücke noch nicht veröffentlichter Werke der bildenden Künste mit Ausnahme von Bauten.

(5) Vorrichtungen, die ausschließlich zur Vervielfältigung, Aufführung oder Vorführung eines Filmwerkes oder eines Werkes der bildenden Künste bestimmt sind, wie Formen, Holzstücke, Platten, Filmstreifen oder dergleichen, unterliegen der Zwangsvollstreckung wegen Geldforderungen nur insoweit, als es zur Durchführung einer Zwangsvollstreckung in ein Werknutzungsrecht notwendig ist.

Abschnitt IV.

Beschränkungen des ausschließlichen Verwertungsrechtes.

§ 30a

Änderungsverbot, Quellenangaben.

(1) Soweit nach den Bestimmungen dieses Abschnittes die Benutzung eines Werkes ohne Einwilligung des Berechtigten zulässig ist, gelten die

§§ 10a Abs. 3 und 21 Abs. 1 entsprechend. Namentlich bestimmt sich hiernach, soweit Abs. 2 und 3 nichts Abweichendes vorschreiben, die Pflicht zur Anführung des Titels und der Urheberbezeichnung (§ 8).

(2) Wird ein Werk oder ein Teil davon nach den §§ 35, 36, 37, 40 und 41 vervielfältigt, so ist stets die Quelle deutlich anzugeben; bei Werken der bildenden Künste jedoch nur dann, wenn die Quelle auf dem benutzten Werke genannt ist.

(3) Wird ein Artikel aus einer Zeitung oder Zeitschrift nach § 33 Abs. 1 und 2 in einer anderen Zeitung oder Zeitschrift abgedruckt oder nach § 38 durch Rundfunk gesendet, so ist stets außer dem in der benutzten Quelle bezeichneten Verfasser auch die Zeitung oder Zeitschrift deutlich anzugeben, woraus der Artikel entnommen wurde; ist aber dort eine andere Zeitung oder Zeitschrift als Quelle angeführt, so ist diese anzugeben.

§ 30b

Benutzung nur rechtmäßiger Vorrichtungen und Sendungen.

(1) Soweit es nach den Bestimmungen dieses Abschnittes gestattet ist, eine Bild- oder Schallvorrichtung ohne Einwilligung des Berechtigten zu öffentlichen Vorträgen, Aufführungen oder zum Senden durch Rundfunk zu benutzen, gilt dies nur bei Benutzung von Vorrichtungen, die mit Zustimmung des Berechtigten hergestellt oder verbreitet worden sind.

(2) Soweit es nach den Bestimmungen dieses Abschnittes gestattet ist, ein gesendetes Werk durch Lautsprecher oder ähnliche technische Einrichtungen öffentlich wiederzugeben, gilt dies nur, wenn die benutzte Rundfunksendung mit Einwilligung des Berechtigten geschehen ist.

§ 31

Vervielfältigungen zum eigenen Gebrauch.

(1) Zulässig ist das Vervielfältigen zum eigenen Gebrauch, wenn es sich nur um einzelne Stücke handelt und nicht bezweckt wird, damit eine Einnahme zu erzielen oder das Werk zu veröffentlichen.

(2) Der nach Abs. 1 zur Vervielfältigung Befugte kann sie auch durch einen Anderen vornehmen lassen; doch gilt dies für Werke der bildenden Künste nur, wenn es unentgeltlich geschieht, für Werke der Literatur oder Tonkunst nur, wenn die Entnahme von geringem Umfang ist und die Vervielfältigung handschriftlich, durch Maschinenschrift oder außerhalb des Betriebes eines Erwerbsunternehmens vorgenommen wird.

(3) Die Ausführung von Plänen und Entwürfen zu Werken der bildenden Künste und der Nachbau eines Werkes der Baukunst ist stets nur mit Einwilligung des Urhebers zulässig.

§ 32

Öffentliche Vorträge und Reden.

(1) Zulässig ist:

1. die Vervielfältigung eines Vortrags oder einer Rede in Zeitungen oder Zeitschriften, wenn der Vortrag oder die Rede Bestandteil einer öffentlichen Verhandlung oder Gegenstand einer amtlichen Kundgebung ist;
2. die Vervielfältigung von Vorträgen oder Reden, die bei Verhandlungen in öffentlichen Angelegenheiten vor den zuständigen staatlichen, kommunalen oder kirchlichen Organen gehalten werden.

(2) Doch ist die Vervielfältigung der im Abs. 1 bezeichneten Vorträge und Reden in Sammlungen solcher Werke dem Urheber vorbehalten.

§ 33

Zeitungs- und Zeitschriftenartikel.

(1) Zulässig ist der Abdruck einzelner Artikel über wirtschaftliche, politische oder religiöse Tagesfragen aus Zeitungen oder Zeitschriften in anderen Zeitungen oder Zeitschriften, soweit die Artikel nicht mit einem Vorbehalt der Rechte versehen sind.

(2) Vermischte Nachrichten tatsächlichen Inhalts und Tagesneuigkeiten, die durch die Presse oder den Rundfunk verbreitet werden, dürfen stets abgedruckt werden; ein sich aus anderen gesetzlichen Vorschriften ergebender Schutz bleibt unberührt.

§ 34

Rundfunk- und Filmberichte über Tagesereignisse.

Zur Rundfunk- oder Filmberichterstattung über Tagesereignisse dürfen von Unternehmungen, die seitens der Reichsrundfunkkammer oder der Reichsfilmkammer zugelassen sind, urheberrechtlich geschützte Werke, die im Verlaufe der den Gegenstand der Berichterstattung bildenden Vorgänge für Auge oder Ohr wahrnehmbar werden, gesendet oder auf Bild- oder Schallvorrichtungen übertragen werden. Die Vorrichtungen dürfen zum Zwecke der Rundfunk- oder Filmberichterstattung über Tagesereignisse vervielfältigt, verbreitet, gesendet und zur öffentlichen Wiedergabe benutzt werden.

§ 35

Zitate.

Zulässig ist die Vervielfältigung:

1. wenn einzelne Stellen eines Werkes nach der Veröffentlichung in einem selbständigen Sprachwerk angeführt werden;
2. wenn einzelne Stellen eines erschienenen Werkes der Tonkunst in einem selbständigen neuen Tonwerk angeführt werden, wie das fremde Thema in einem Variationenwerk;
3. wenn Werke nach dem Erscheinen in einem durch den Zweck gerechtfertigten Umfang in ein selbständiges wissenschaftliches Werk zur Erläuterung des Inhalts aufgenommen werden; dies ist bei Werken der bildenden Künste auch dann zulässig, wenn sie veröffentlicht und bleibend öffentlich ausgestellt sind.

§ 36

Sammlungen für Schulen und Unterricht.

(1) Zulässig ist die Vervielfältigung, wenn einzelne Werke nach dem Erscheinen in einen Sammelband aufgenommen werden, der Werke einer größeren Anzahl von Urhebern vereinigt und nach seiner Beschaffenheit und äußeren Kennzeichnung nur für den Schul- und Unterrichtsgebrauch, mit Ausschluß des Unterrichts in Musikschulen, bestimmt ist; dies ist bei Werken der bildenden Künste auch dann zulässig, wenn sie veröffentlicht und bleibend öffentlich ausgestellt sind.

(2) Dem Urheber ist im Falle der Vervielfältigung gemäß Absatz 1 eine angemessene Entschädigung zu gewähren.

§ 37

Vertonungsfreiheit des Liedes; Programmfreiheit.

(1) Kleine Teile einer Dichtung oder Gedichte von geringem Umfang dürfen nach ihrem Erscheinen als Text zu einem neuen Werk der Tonkunst in Verbindung mit diesem vervielfältigt werden. Jedoch ist der Urheber des Tonwerks verpflichtet, dem Urheber des vertonten Werkes einen angemessenen Anteil an dem Ertrag zu gewähren, den er durch die

urheberrechtliche Verwertung des Tonwerkes in Verbindung mit dem Text erzielt.

(2) Die Vorschriften des Abs. 1 gelten nicht für Sprachwerke, die ihrer Gattung nach zur Vertonung bestimmt sind, wie die Texte von Oratorien, Opern, Operetten und Singspielen.

(3) Vertonte Sprachwerke der im Abs. 1 bezeichneten Art dürfen ohne Verbindung mit dem Tonwerk vervielfältigt werden:

1. zum ausschließlichen Gebrauch der Hörer, die einer unmittelbaren persönlichen Wiedergabe des Tonwerks am Aufführungsort beiwohnen;
2. in Programmen, worin das Senden des Tonwerks durch Rundfunk angekündigt wird;
3. als Aufdruck auf Schallvorrichtungen oder in Beilagen dazu; die Beilagen müssen als solche bezeichnet sein.

§ 38

Umfang der Nutzungsbefugnis.

(1) Die Befugnis zum Vervielfältigen nach §§ 32, 33 Abs. 1, 35 Abs. 1 Nr. 3, 36 und 37 umfaßt nicht die Übertragung auf Bild- oder Schallvorrichtungen.

(2) Soweit ein Werk nach den §§ 32, 33, 35, 36 und 37 ohne Einwilligung des Berechtigten vervielfältigt werden darf, ist auch die Verbreitung und, abgesehen von den Fällen des § 37 Abs. 3, auch der öffentliche Vortrag, die öffentliche Aufführung und das Senden durch Rundfunk zulässig.

§ 39

Einschränkungen des Vortrags- und Aufführungsrechts.

(1) Zulässig ist der öffentliche Vortrag oder die öffentliche Aufführung eines erschienenen Werkes, wenn die Hörer ohne Entgelt zugelassen werden und der Vortrag oder die Aufführung keinem Erwerbszweck dient. Dies gilt jedoch nicht, wenn die vortragenden oder aufführenden Personen für den Vortrag oder die Aufführung eine Vergütung erhalten.

(2) Auf die bühnenmäßige Aufführung einer Oper oder eines anderen Werkes der Tonkunst in Verbindung mit einem Werke der Literatur sowie auf die Aufführung eines Tonwerkes in Verbindung mit einer Bildvorrichtung findet Abs. 1 keine Anwendung.

§ 40

Ausstellungsfreiheit, Katalogbilder.

Es ist zulässig:

1. ein zur Versteigerung in der Zwangsvollstreckung bestimmtes Werkstück öffentlich zur Schau zu stellen;
2. ein öffentlich zur Schau gestelltes oder zur öffentlichen Versteigerung bestimmtes Werkstück in Verzeichnissen, die vom Veranstalter der Ausstellung oder der Versteigerung für diesen Zweck herausgegeben werden, zu vervielfältigen und die Verzeichnisse zu verbreiten.

§ 41

Kunstwerke an öffentlichen Wegen, Straßen oder Plätzen.

Es ist zulässig, Werke, die sich bleibend an öffentlichen Wegen, Straßen oder Plätzen befinden, im Wege der Malerei oder Graphik oder durch Lichtbild zu vervielfältigen und zu verbreiten. Nachbildungen solcher Art dürfen nicht an einem Bauwerk angebracht werden. Bei Bauwerken erstrecken sich die genannten Befugnisse nur auf die äußere Ansicht. Soweit ein Werk hiernach vervielfältigt werden darf, ist auch die öffentliche Vorführung und das Senden durch Rundfunk zulässig.

§ 42

Vervielfältigung von Bildnissen.

(1) Der Besteller eines Bildnisses oder sein Rechtsnachfolger darf es, wenn nichts anderes vereinbart ist, ohne Einwilligung des Urhebers durch Lichtbild vervielfältigen oder, auch gegen Entgelt, vervielfältigen lassen.

(2) Dasselbe Recht steht bei den auf Bestellung geschaffenen Bildnissen dem Abgebildeten selbst und nach seinem Tode den im § 63 bezeichneten Angehörigen zu.

(3) Für Zwecke der Rechtspflege und der öffentlichen Sicherheit dürfen Bildnisse von den Behörden oder auf ihre Veranlassung ohne Einwilligung des Urhebers veröffentlicht, vervielfältigt und verbreitet werden.

§ 45*)

Zwangslizenz zur Herstellung von Schallvorrichtungen.

(1) Hat der Berechtigte einem Anderen gestattet, ein Werk der Tonkunst zu gewerblichen Zwecken auf Schallvorrichtungen zu übertragen, diese zu vervielfältigen und zu verbreiten, so kann jeder, der im Inland eine gewerbliche Hauptniederlassung oder den Wohnsitz hat, nach dem Erscheinen des Werkes vom Berechtigten gegen angemessene Vergütung die gleiche Erlaubnis verlangen. Sie wirkt nur für die Verbreitung im Inland und für die Ausfuhr nach Staaten, in denen der Urheber keinen Schutz gegen die Übertragung des Werkes auf Schallvorrichtungen genießt. Die Reichsregierung kann zugunsten eines Staates, in dem sie die Gegenseitigkeit für verbürgt erachtet, durch Bekanntmachung im Reichsgesetzblatt bestimmen, inwieweit jemand trotz Fehlens einer gewerblichen Niederlassung und eines Wohnsitzes im Inland die Erlaubnis verlangen darf; diese wirkt auch für die Ausfuhr nach jenem Staat.

(2) Abs. 1 gilt auch für vertonte Sprachwerke, die in Verbindung mit dem Tonwerk auf Schallvorrichtungen übertragen werden.

(3) Abs. 1 und 2 gelten nicht für Vorrichtungen zur gleichzeitigen wiederholbaren Wiedergabe für Gesicht und Gehör.

(4) Für Klagen auf Erteilung der Erlaubnis sind, wenn der Beklagte im Inland keinen allgemeinen Gerichtsstand hat, die Gerichte der Stadt Leipzig zuständig.

(5) Einstweilige Verfügungen können erlassen werden, auch wenn die in der Zivilprozeßordnung §§ 935, 940 bezeichneten Voraussetzungen nicht zutreffen.

Abschnitt V.

Dauer des Urheberrechts.

§ 48

Grundregeln.

(1) Das Urheberrecht endet, abgesehen von den Filmwerken, in der Regel fünfzig Jahre nach dem Tode des Urhebers.

(2) Bei einem von Mehreren gemeinsam hergestellten Werk (§ 6) endet das Urheberrecht fünfzig Jahre nach dem Tode des letztlebenden Miturhebers.

---

*) Die §§ 43 und 44 sind infolge der völligen Umarbeitung des Abschnittes in Wegfall gekommen; an die Stelle der §§ 46 und 47 sind die entsprechenden Bestimmungen in den §§ 30 b und 30 a getreten.

§ 49

Werke ohne wahren Namen des Urhebers. Eintragsrolle.

(1) Ist bei Werken der Literatur oder Tonkunst der wahre Name des Urhebers nicht nach § 8 bezeichnet, so endet das Urheberrecht fünfzig Jahre nach der Veröffentlichung, wenn sich aus § 48 kein früherer Tag ergibt.

(2) Wird innerhalb der im Abs. 1 bezeichneten Frist der wahre Name des Urhebers von ihm selbst oder nach seinem Tode von den Personen, auf die das Urheberrecht übergegangen ist, gemäß § 8 angegeben oder zu einer Eintragsrolle angemeldet, so wird die Schutzfrist nach § 48 bemessen.

(3) Die näheren Vorschriften über die Eintragsrolle erläßt der zuständige Reichsminister.

§ 50

Filmwerke.

Das Urheberrecht an Filmwerken endet fünfzig Jahre nach der Veröffentlichung oder, wenn das Werk nicht veröffentlicht worden ist, fünfzig Jahre nach der Herstellung des ersten gebrauchsfähigen Abzugs.

§ 51

Lieferungswerke.

Wenn bei Werken, die in inhaltlich nicht abgeschlossenen Teilen (Lieferungen) erscheinen, die Schutzfrist mit der Veröffentlichung beginnt, ist für ihre Berechnung die Veröffentlichung der letzten Lieferung maßgebend.

§ 52

Berechnung der Schutzfristen.

Bei Berechnung der Schutzfristen (§§ 48 bis 51) zählt das Kalenderjahr nicht mit, in das die für den Beginn der Frist maßgebende Tatsache fällt.

Abschnitt VI.

Angrenzende Rechtsgebiete.

1. Erhaltung von Werken allgemeiner Bedeutung.

§ 53

(1) Werke von allgemeiner Bedeutung für die nationale Kultur dürfen nach dem Tode des Urhebers nicht derart bearbeitet oder verwertet

werden, daß dies offenbar ihr Ansehen oder ihren Wert beeinträchtigen würde.

(2) Die Aufsicht darüber steht dem Reichsminister für Volksaufklärung und Propaganda zu, der auch gegen die nach § 16 zur Rechtsnachfolge Berufenen entscheiden kann.

§ 53a

(1) Die nach § 16 zur Rechtsnachfolge Berufenen oder die sonstigen Berechtigten an einem nachgelassenen Werk sind auf Anordnung des Reichsministers für Volksaufklärung und Propaganda verpflichtet, diesem das Werk vorzulegen.

(2) Ergibt die Prüfung, daß das Werk von allgemeiner Bedeutung für die nationale Kultur ist und daß die Urheberehre durch eine Veröffentlichung nicht beeinträchtigt wird, so kann der Reichsminister für Volksaufklärung und Propaganda die Veröffentlichung anordnen. Eine solche Anordnung kann nicht ergehen, wenn eine letztwillige Verfügung des Urhebers der Veröffentlichung entgegensteht oder der Wille des Urhebers, daß das Werk nicht veröffentlicht werde, sich aus dem Inhalt des Werkes ergibt.

(3) Wird im Falle einer Anordnung gemäß Abs. 2 die Veröffentlichung von den Berechtigten nicht in angemessener Frist vorgenommen, so kann ein Dritter zur Veröffentlichung ermächtigt werden, der den Berechtigten eine angemessene Vergütung zu entrichten hat.

1a. Schutz der Editionen.

§ 53b

(1) Der Herausgeber eines nachgelassenen Werkes hat für die Dauer von 10 Jahren vom Zeitpunkt der Veröffentlichung an gerechnet das ausschließliche Recht, dieses Werk nach Maßgabe des § 11 zu verwerten.

(2) Den gleichen Schutz genießen die Herausgeber fremder Werke im Sinne des § 1 Abs. 4, sowie die Bearbeiter fremder Werke, sofern eine eigenpersönliche Leistung nicht vorliegt, für ihre Ausgaben oder Bearbeitungen.

(3) Haben die in den Absätzen 1 und 2 bezeichneten Ausgaben und Bearbeitungen Werke zum Gegenstand, deren Schutzfrist gemäß §§ 48—52 noch nicht abgelaufen ist, so können die gemäß Abs. 1 und 2 gewährten Rechte nur mit Zustimmung des Urhebers oder seines Rechtsnachfolgers oder sonstiger zur Verwertung seines Werkes allein berechtigter Personen ausgeübt werden.

(4) Die in den Absätzen 1 und 2 gewährten Rechte sind unter Lebenden und von Todes wegen übertragbar.

3. Schutz des ausübenden Künstlers.*)

§ 55

Schutz bei Bild- und Schallvorrichtungen.

(1) Der Vortrag oder die Aufführung eines Werkes der Literatur oder Tonkunst darf — auch bei Sendung durch Rundfunk — nur mit Einwilligung der Vortragenden oder Aufführenden auf eine Bild- oder Schallvorrichtung übertragen werden. Für einen Chor oder ein Orchester genügt die Einwilligung des Leiters.

(2) Zur Übertragung von Vorträgen oder Aufführungen, die im Betriebe eines Erwerbsunternehmens stattfinden, bedarf es überdies der Einwilligung des Inhabers dieses Unternehmens.

(3) Ist ein Vortrag oder eine Aufführung ohne die nach den Abs. 1 und 2 erforderlichen Einwilligungen auf eine Bild-oder Schallvorrichtung übertragen worden, so darf diese Vorrichtung weder vervielfältigt, noch verbreitet, noch zur Wiedergabe benutzt werden.

(4) Bei einer zulässigen Übertragung ist es nur mit Einwilligung der nach Abs. 1 maßgebenden Personen gestattet, die Vorrichtung zu vervielfältigen oder zu verbreiten (§ 13). Das ausschließliche Recht des ausübenden Künstlers auf Vervielfältigung und Verbreitung ist übertragbar und erlischt, wenn seit dem Ablauf des Kalenderjahres, in dem die Vorrichtung erschienen ist, dreißig Jahre verstrichen sind. Während dieser Frist dürfen unbefugt hergestellte oder verbreitete Stücke zur öffentlichen Wiedergabe nicht benutzt werden. Zum Schutz der persönlichen Interessen des ausübenden Künstlers gelten während dieser Zeit § 10a und § 21 Abs. 1 sinngemäß.

(5) Filmberichte und Rundfunkberichte (§ 34) unterliegen den Abs. 1 bis 4 nicht.

(6) Bei gewerbsmäßig hergestellten Filmwerken bedarf es zur Vervielfältigung oder Verbreitung der nach Absatz 4 Satz 1 sonst erforderlichen Einwilligung der ausübenden Künstler nicht, die an der Herstellung des Werkes mitgewirkt haben. Für den Schutz ihrer eigenpersönlichen Interessen gelten während der im Abs. 4 Satz 2 bezeichneten Frist die Vorschriften des § 21 Abs. 4 entsprechend.

---

*) Der Titel 2 (Titelschutz § 54) ist gestrichen worden.

(7) Die Abs. 1 bis 4 lassen das Urheberrecht an den vorgetragenen oder aufgeführten Werken unberührt und gelten auch für solche Werke der Literatur oder Tonkunst, die den urheberrechtlichen Schutz dieses Gesetzes nicht genießen.

(8) Die Verpflichtung der Mitglieder eines Chors oder Orchesters zur Mitwirkung an Vorträgen oder Aufführungen, die auf Bild- oder Schallvorrichtungen übertragen werden sollen, richtet sich ebenso wie die aus der Mitwirkung ihnen zustehenden Ansprüche nach den Vorschriften, die ihre Rechtsverhältnisse als Mitglieder des Chors oder Orchesters regeln.

§ 56

Schutz beim Rundfunk.

(1) Der Vortrag oder die Aufführung eines Werkes der Literatur oder Tonkunst darf nur mit Einwilligung der Vortragenden oder Aufführenden — soweit der Vortrag oder die Aufführung durch einen Chor oder ein Orchester bewirkt wird, mit Einwilligung des Leiters — durch Rundfunk gesendet werden (§ 11 Ziff. 2). Bei Vorträgen oder Aufführungen, die im Betriebe eines Erwerbsunternehmens stattfinden, bedarf es überdies der Einwilligung des Inhabers des Unternehmens.

(2) Sollen Vorträge oder Aufführungen, die im Betriebe eines Theaterunternehmens stattfinden, durch Rundfunk gesendet werden, so bedarf es nur der Einwilligung des Inhabers dieses Unternehmens. Dies gilt nicht für konzertmäßige oder andere Veranstaltungen, die außerhalb der üblichen Betätigung eines Theaterunternehmens liegen.

(3) Die Vorschriften der Abs. 1 und 2 gelten nicht für das Senden durch Rundfunk mit Hilfe von Bild- oder Schallvorrichtungen, die nach § 55 rechtmäßig verbreitet worden sind, ferner nicht für Berichte über Tagesereignisse (§ 34).

(4) § 55 Abs. 7 und 8 gelten entsprechend, Abs. 8 auch für die Personen, die an den durch Rundfunk gesendeten Vorträgen oder Aufführungen im Betriebe eines Theaterunternehmens mitwirken.

§ 57

Schutz beim Lautsprecher.

Die Vorschriften des § 56 gelten sinngemäß für die öffentliche Wiedergabe von Vorträgen oder Aufführungen durch Lautsprecher oder eine ähnliche technische Einrichtung außerhalb des Ortes (Theater, Saal,

Platz, Garten oder dergleichen), wo sie stattfinden. Rundfunksendungen von Vorträgen oder Aufführungen können zur öffentlichen Wiedergabe durch Lautsprecher oder eine ähnliche technische Einrichtung ohne Einwilligung der im § 56 Abs. 1 und 2 Bezeichneten nur dann benutzt werden, wenn die Sendung nach § 56 zulässig ist.

4. Schutz der Lichtbilder.

§ 58

(1) Lichtbilder oder auf ähnliche Art hergestellte Erzeugnisse werden, soweit im folgenden nichts Abweichendes bestimmt ist, nach den für Werke der bildenden Künste geltenden Vorschriften der Abschnitte I—IV geschützt.

(2) Das Schutzrecht steht dem Hersteller zu. Bei gewerbsmäßig hergestellten Photographien erwirbt der Inhaber des Unternehmens mit der Herstellung der Photographie das ausschließliche Verwertungsrecht.

(3) Das Schutzrecht endet 10 Jahre nach der Veröffentlichung des Lichtbildes oder, wenn dieses nicht veröffentlicht worden ist, 10 Jahre nach der Aufnahme; die Frist ist nach § 52 zu berechnen.

(4) Die Vorschriften über die Übertragung von Werknutzungsrechten (§ 19), über das Kündigungsrecht des § 24 Abs. 2, über das Rückrufsrecht (§ 28) und über die Zwangsvollstreckung im § 30 Abs. 1 bis 4 gelten für gewerbsmäßig hergestellte Lichtbilder nicht.

(5) Die freie Werknutzung des § 41 (Kunstwerke an öffentlichen Straßen) gilt für Lichtbilder nicht. Bei Anwendung des § 42 gilt für Lichtbilder die Besonderheit, daß Bildnisse auch auf andere Weise als durch Lichtbild vervielfältigt werden dürfen.

(6) In Zeitungen oder Zeitschriften dürfen gewerbsmäßig hergestellte Lichtbilder, deren Gegenstand sich auf Tagesereignisse bezieht, ohne vorherige Befragung des Inhabers des Schutzrechts wiedergegeben werden, wenn zuvor der zur Wahrnehmung solcher Schutzrechte bestimmten Stelle davon Anzeige gemacht und eine angemessene Vergütung entrichtet wird. Die aus Berufsgenossen des Lichtbildgewerbes zu bildende Stelle und ihre Geschäftsführung werden durch Verordnung des zuständigen Reichsministers bestimmt, ebenso die Bemessung der Vergütungssätze.

(7) Die Vorschriften der Abs. 1—6 gelten für Erzeugnisse der Kinematographie, die nicht Filmwerke im Sinne des § 1 sind, entsprechend.

5. Schutz der Zeichnungen, Pläne, Karten usw.

§ 58a

Den gleichen Schutz wie Lichtbilder in § 58 genießen Zeichnungen, Pläne, Karten, plastische Darstellungen, Skizzen und sonstige Abbildungen wissenschaftlicher oder technischer Art, soweit sie nicht den Voraussetzungen des § 1 Abs. 1 entsprechen.

6. Schutz der Bild- und Schallvorrichtungen.

§ 59

(1) An gewerbsmäßig hergestellten Bild- oder Schallvorrichtungen steht dem Hersteller das ausschließliche Recht auf Vervielfältigung und gewerbsmäßige Verbreitung (§ 13) zu.

(2) Der Hersteller einer Schallplatte oder einer gleichartigen Bild- oder Schallvorrichtung kann die öffentliche Aufführung oder Sendung nicht verbieten. Er hat in diesem Falle jedoch Anspruch auf angemessene Vergütung; dabei ist der Inhalt und der kulturelle Wert seiner Leistung zu berücksichtigen.

(3) Bei der Berechnung der Vergütung sind Zahlungen, die an den Urheber oder einen ausübenden Künstler erfolgt sind, entsprechend zu berücksichtigen.

7. Schutz der Rundfunksendungen.

§ 60

Nur mit Zustimmung der Reichsrundfunkgesellschaft oder der aussendenden deutschen Gesellschaft ist es gestattet:

1. gewerbsmäßig die Sendung zur öffentlichen Wiedergabe durch Lautsprecher oder eine ähnliche technische Einrichtung zu benutzen;
2. gewerbsmäßig die Sendung auf Bild- oder Schallvorrichtungen zu übertragen, diese zu vervielfältigen und zu verbreiten (§ 13);
3. gewerbsmäßig Rundfunknachrichten weiter mitzuteilen.

8. Recht an Briefen und am eigenen Bild.

§ 61

Briefschutz.

(1) Briefe, Tagebücher und ähnliche vertrauliche Aufzeichnungen dürfen auch, soweit sie nicht als eigenpersönliche Schöpfungen urheber-

rechtlichen Schutz genießen, nicht ohne Einwilligung des Verfassers veröffentlicht werden. Ist der Verfasser gestorben, ohne der Veröffentlichung zugestimmt zu haben, und sind seit Ablauf des Todesjahres noch nicht zehn Jahre verstrichen, so bedarf es der Einwilligung seiner Angehörigen (§ 63).

(2) Die Veröffentlichung eines Briefes — gleichviel, ob er urheberrechtlich geschützt ist oder nicht, — ist ferner nur mit Einwilligung dessen statthaft, an den der Brief gerichtet war, wenn die Veröffentlichung wichtige Interessen dieser Person verletzen würde. Ist der Empfänger gestorben, ohne der Veröffentlichung zugestimmt zu haben, und sind seit Ablauf des Todesjahres noch nicht zehn Jahre verstrichen, so bedarf es der Einwilligung seiner Angehörigen (§ 63), wenn die Veröffentlichung wichtige Interessen dieser Angehörigen verletzen würde.

(3) Der nach Abs. 1 und 2 erforderlichen Einwilligung bedarf es nicht, wenn die Veröffentlichung zur Wahrnehmung eines berechtigten öffentlichen oder privaten Interesses vorgenommen wird, die das Interesse an der Nichtveröffentlichung überwiegt.

(4) Widerrechtlich veröffentlichte Briefe, Tagebücher und ähnliche vertrauliche Aufzeichnungen dürfen, solange die Veröffentlichung nicht erlaubt ist, auch nicht weiter mitgeteilt werden.

(5) Die §§ 53 und 53a gelten für die im Abs. 1 bezeichneten Briefe, Tagebücher und ähnlichen vertraulichen Mitteilungen entsprechend.

§ 62

Recht am eigenen Bild.

(1) Bildnisse dürfen — gleichviel ob sie nach diesem Gesetz geschützt sind oder nicht — nur mit Einwilligung des Abgebildeten öffentlich zur Schau gestellt oder sonst der Öffentlichkeit mitgeteilt werden. Die Einwilligung gilt im Zweifel als erteilt, wenn der Abgebildete dafür, daß er sich abbilden ließ, eine Entlohnung erhalten hat. Ist er gestorben, ohne der Verbreitung zugestimmt zu haben, und sind seit Ablauf des Todesjahres noch nicht zehn Jahre verstrichen, so bedarf es der Einwilligung seiner Angehörigen (§ 63).

(2) Der Einwilligung des Abgebildeten oder seiner Angehörigen bedarf es nicht:

1. bei Bildnissen aus dem Bereich der Zeitgeschichte;
2. bei Bildern, auf denen die Personen nur als Beiwerk neben einer Landschaft oder sonstigen Örtlichkeit erscheinen;

3. bei Bildern von Versammlungen, Aufzügen und ähnlichen Veranstaltungen, an denen die dargestellten Personen teilgenommen haben;
4. bei Bildnissen, die nicht auf Bestellung des Abgebildeten oder, falls er gestorben ist, seiner Angehörigen angefertigt worden sind, wenn die Mitteilung ausschließlich Zwecken der Kunst oder Wissenschaft dient,

(3) Die Befugnis erstreckt sich jedoch nicht auf eine Mitteilung, die ein berechtigtes Interesse des Abgebildeten oder, falls er gestorben ist, seiner Angehörigen verletzen würde.

(4) Für Zwecke der Rechtspflege und der öffentlichen Sicherheit dürfen Bildnisse von den Behörden oder auf ihre Veranlassung ohne die nach Abs. 1 erforderliche Einwilligung mitgeteilt werden.

§ 63

Angehörige.

Angehörige im Sinne der §§ 61 und 62 sind die Kinder und der überlebende Ehegatte, beim Fehlen solcher Personen die Eltern. An die Stelle eines verstorbenen Kindes treten dessen Kinder. Der überlebende Ehegatte bleibt außer Betracht, wenn zur Zeit des Todes die eheliche Gemeinschaft durch Urteil aufgehoben war, oder wenn der Verstorbene auf Scheidung zu klagen berechtigt und die Scheidungsklage oder die Klage auf Aufhebung der ehelichen Gemeinschaft zur Zeit seines Todes anhängig war.

Abschnitt VII.

Rechtsverletzungen.

1. Zivilrechtliche Vorschriften.

§ 64

Anspruch auf Unterlassung.

(1) Wer in einem nach diesem Gesetz geschützten Rechte verletzt wird, kann vom Verletzer Beseitigung der Beeinträchtigung verlangen. Sind weitere Beeinträchtigungen zu besorgen, so kann er auf Unterlassung klagen.

(2) Wird dem § 30a Abs. 3 zuwider eine Zeitung oder Zeitschrift nicht als Quelle angegeben, so gilt der Inhaber des Zeitungs- oder Zeitschriftenunternehmens als Verletzer.

§ 65

Vernichtung, Unbrauchbarmachung und ähnliche Maßnahmen.

(1) Ist eines der in diesem Gesetz gewährten Rechte verletzt, so kann der Verletzte verlangen, daß alle dem Gesetz zuwider hergestellten oder verbreiteten Vervielfältigungsstücke und die zur widerrechtlichen Verbreitung bestimmten Stücke vernichtet werden. Weiter hat er das Recht, zu verlangen, daß die ausschließlich zur widerrechtlichen Herstellung bestimmten Mittel (wie Formen, Platten, Steine, Filmstreifen) unbrauchbar gemacht oder, falls das nicht ausführbar ist, vernichtet werden. Kann der dem Gesetz widerstreitende Zustand von Werkstücken auf andere Weise beseitigt werden oder genügt es, daß Änderungen des Werkes als nicht vom Urheber herrührend gekennzeichnet werden, so kann der Verletzte nur diese Maßnahmen begehren; dies gilt für Lichtbilder entsprechend.

(2) Bei unbefugter Aufführung eines Bühnenwerks kann der Verletzte die Vernichtung der zum Gebrauch der Mitwirkenden bestimmten Schriften (wie Rollen, Regiebücher, Partituren, Stimmen) verlangen.

(3) Statt dieser Maßnahmen (Abs. 1 und 2) kann der Verletzte verlangen, daß ihm die den Maßnahmen unterliegenden Gegenstände ganz oder teilweise gegen eine angemessene, die Herstellungskosten nicht übersteigende Vergütung überlassen werden.

(4) Den in den Abs. 1 bis 3 bezeichneten Maßnahmen sind die Gegenstände ohne Rücksicht darauf unterworfen, wem sie gehören. Doch unterliegt den Maßnahmen nicht, wer ein widerrechtlich hergestelltes oder verbreitetes Werkstück oder Lichtbild in gutem Glauben an die Rechtmäßigkeit der Herstellung oder Verbreitung erworben hat, es sei denn, daß das Werkstück oder Lichtbild zur Weiterverbreitung bestimmt ist; entsprechendes gilt für Bild- oder Schallvorrichtungen, deren Herstellung oder Verbreitung dem Rechte des ausübenden Künstlers (§ 55 Abs. 4 Satz 1), des Inhabers des Unternehmens (§ 59) oder der Sendegesellschaft (§ 60 Nr. 2) zuwider geschehen ist.

(5) Von der Vernichtung, Unbrauchbarmachung und Überlassung an den Verletzten sind ausscheidbare Teile auszunehmen, deren unveränderter Bestand und deren Gebrauch durch den Beklagten nicht widerrechtlich sind. Bei Vervielfältigungsstücken, die nur wegen des Fehlens oder der Beschaffenheit der Quellenangabe dem Gesetz nicht entsprechen, kann weder die Vernichtung noch die Überlassung an den Verletzten verlangt werden.

(6) Für Bauwerke gelten die vorstehenden Vorschriften nicht.

(7) Die Maßnahmen der Abs. 1 bis 3 können erst vollzogen werden, nachdem dem Eigentümer gegenüber rechtskräftig auf sie erkannt ist.

§ 66

Anspruch auf Unterlassung und Vernichtung bei Filmwerken.

Ist durch die Herstellung eines Filmwerks das Verwertungsrecht des Urhebers an einem anderen Werk verletzt worden, ohne daß den Hersteller, seine Angestellten oder Beauftragten ein Verschulden trifft, so entfallen die Ansprüche auf Vernichtung des Filmwerks und auf Unterlassung der urheberrechtlichen Verwertung. Dem Verletzten verbleibt jedoch der Anspruch auf angemessene Vergütung (§ 69).

§ 67

Urteilsbekanntmachung.

(1) Ist auf Grund dieses Gesetzes Klage auf Unterlassung erhoben worden, so kann die obsiegende Partei, sofern sie ein berechtigtes Interesse dartut, verlangen, daß ihr die Befugnis zugesprochen werde, das Urteil auf Kosten der unterliegenden Partei öffentlich bekanntzumachen.

(2) Umfang und Art der Bekanntmachung werden im Urteil bestimmt. Die Befugnis erlischt, wenn die Entscheidung nicht binnen drei Monaten nach Eintritt der Rechtskraft bekanntgemacht wird.

§ 68

Anspruch auf Schadenersatz.

(1) Wer auf Grund einer Zuwiderhandlung gegen dieses Gesetz einen Anspruch auf Schadenersatz zu stellen berechtigt ist, kann auch die Herausgabe des den Schaden übersteigenden Reingewinns fordern, den der Beklagte durch sein widerrechtliches Verhalten erzielt hat.

(2) Bei einer schuldhaften Verletzung der Urheberehre kann der Verletzte auch wegen des Schadens, der nicht Vermögensschaden ist, eine billige Entschädigung in Geld verlangen. Der Anspruch ist nicht übertragbar, es sei denn, daß er durch Vertrag anerkannt oder daß er rechtshängig geworden ist.

(3) Eine solche Entschädigung kann auch bei einer schuldhaften Zuwiderhandlung gegen die Vorschriften der §§ 55 bis 57 von dem in seinem Recht verletzten ausübenden Künstler verlangt werden; denselben Anspruch hat der Verletzte bei einer schuldhaften Zuwiderhandlung gegen die Vorschriften des § 30a Abs. 3 (Anspruch der Presse auf Quellenangabe), des § 53b (Schutz der Editionen) und der §§ 58 bis 62 (Schutz der Lichtbilder, der Zeichnungen, Pläne, Karten usw., der Bild- und Schallvorrichtungen, der Rundfunksendungen, Schutz des Rechts an Briefen und am eigenen Bild).

§ 69

Anspruch auf angemessene Vergütung.

(1) Wer ohne Einwilligung des Berechtigten ein Werk auf eine dem Urheber vorbehaltene Art verwertet (§§ 11 bis 15), hat auch dann, wenn ihn kein Verschulden trifft, dem Verletzten eine angemessene Vergütung zu entrichten. Bei schuldhafter Verletzung eines Werknutzungsrechts kann statt des Schadensersatzes oder der Herausgabe des Reingewinns die angemessene Vergütung verlangt werden.

(2) Bei einer Zuwiderhandlung gegen die vermögensrechtlichen Vorschriften der §§ 53b und 55 bis 62 gilt Abs. 1 entsprechend.

(3) Bei Verletzung der §§ 30b, 57 Satz 2 sowie der Vorschriften über die öffentliche Wiedergabe im § 55 Abs. 3, Abs. 4 Satz 3 ist der Anspruch auf angemessene Vergütung nur begründet, wenn die Verletzung schuldhaft erfolgt ist.

§ 70

Haftung des Inhabers eines Unternehmens.

Der Inhaber eines Unternehmens kann, soweit sich nicht aus anderen Vorschriften eine weitergehende Haftung ergibt, auf Unterlassung (§§ 64, 65) und auf Zahlung einer angemessenen Vergütung (§ 69) auch dann in Anspruch genommen werden, wenn die den Anspruch begründende Handlung im Betriebe seines Unternehmens von einem Angestellten oder Beauftragten begangen worden ist.

§ 71

Verjährung.

(1) Die Ansprüche auf die in den §§ 68, 69 bezeichneten Leistungen verjähren in drei Jahren. Die Verjährung beginnt mit dem Tage, an

dem die widerrechtliche Handlung zuletzt vorgenommen worden ist, wenn sich aber der Anspruch auf die widerrechtliche Herstellung oder Beschaffenheit von Vervielfältigungsstücken gründet, die zur Verbreitung bestimmt sind, mit dem Tage, an dem mit ihrer Verbreitung begonnen worden ist.

(2) Die im § 65 bezeichneten Maßnahmen können verlangt werden, solange Werkstücke und Vorrichtungen vorhanden sind, die ihnen unterliegen.

§ 72

Prozessuale Vorschriften.

(1) Zur Sicherung der in diesem Gesetz bezeichneten Ansprüche auf Unterlassung können einstweilige Verfügungen erlassen werden auch wenn die in der Zivilprozeßordnung §§ 935, 940 bezeichneten Voraussetzungen nicht zutreffen.

(2) Der Reichsjustizminister kann die bürgerlichen Streitigkeiten auf Grund dieses Gesetzes, soweit die Zuständigkeit des Landgerichts in erster Instanz oder als Berufungsgericht gegeben ist, für die Bezirke mehrerer Landgerichte einem von ihnen zuweisen.

(3) Schiedsgerichte dürfen nicht bestellt werden, es sei denn, daß mindestens ein Streitteil Ausländer ist.

2. Strafrechtliche Vorschriften. *)

§§ 73—80

(Von Beratung wurde im Hinblick auf den Strafgesetzentwurf Abstand genommen.)

Abschnitt VII a.

Mitwirkung der Reichskulturkammer.

§ 81 a

(1) Die Fortentwicklung des Urheberrechts, insbesondere auch durch Gestaltung von Normalverträgen, zu pflegen, ist Aufgabe der Reichskulturkammer.

(2) Die Reichskulturkammer kann, gegebenenfalls unter Mitwirkung anderer zuständiger Reichsminister, Sachverständigenausschüsse zur Abgabe sachverständiger Gutachten bilden.

---

*) Der Titel 3 (Sachverständigenkammern § 81) ist gestrichen worden.

(3) Die Reichskulturkammer ist befugt, in Rechtsstreitigkeiten, in denen ein Anspruch auf Grund dieses Gesetzes erhoben wird, einen Vertreter zu entsenden, der auf sein Verlangen jederzeit gehört werden muß.

Abschnitt VIII.

Anwendungsbereich des Gesetzes.

§ 82

Werke der Reichsangehörigen.

Den urheberrechtlichen Schutz dieses Gesetzes genießen alle Werke, deren Urheber (§ 5) Reichsangehörige sind, gleichviel ob und wo das Werk erschienen ist.

§ 83

Im Inland erschienene Werke.

(1) Den urheberrechtlichen Schutz dieses Gesetzes genießen alle Werke, die im Inland erschienen sind, es sei denn, daß der Urheber (§ 5) nicht Reichsangehöriger ist und das Werk selbst oder eine Übersetzung davon an einem früheren Tage im Ausland hat erscheinen lassen. Mit der gleichen Einschränkung genießen den Schutz auch solche Werke, die im Inland nur in Übersetzung erschienen sind.

(2) Der nach Abs. 1 den Werken ausländischer Urheber (§ 5) zuteil werdende Schutz kann durch Verordnung des Reichsministers der Justiz beschränkt werden, wenn der Urheber keinem Lande des Berner Verbands zum Schutze von Werken der Literatur und Kunst angehört und zur Zeit des Erscheinens des Werkes weder im Inland noch in einem Verbandsland seinen Wohnsitz hat, und wenn das Land, dem er angehört, die Werke der Reichsangehörigen nicht genügend schützt.

§ 84

Im Ausland erschienene Werke von Ausländern.

Für die nicht im Inland erschienenen Werke von Ausländern besteht der urheberrechtliche Schutz nach Inhalt der Staatsverträge. Solchen Werken kommt, wo keine Staatsverträge bestehen, urheberrechtlicher Schutz nur zu, wenn in dem Staat, dem der Urheber angehört, nach einer im Reichsgesetzblatt enthaltenen Bekanntmachung deutsche Werke einen entsprechenden Schutz genießen.

Schutz auf angrenzenden Rechtsgebieten.

§ 85

Der nach den §§ 55 bis 57 gewährte Schutz kann durch Verordnung des Reichsministers der Justiz im Verhältnis zu anderen Staaten, die den Reichsangehörigen keinen entsprechenden Schutz gewähren, ausgeschlossen oder beschränkt werden.

§ 86

(1) Für den Schutz der Editionen (§ 53b), der Lichtbilder (§ 58) und der Zeichnungen, Pläne, Karten usw. (§ 58a) gelten die §§ 82 bis 84 entsprechend.

(2) Ausländische Bild- und Schallvorrichtungen und Rundfunksendungen genießen den Schutz der §§ 59, 60 nach Maßgabe der Staatsverträge oder, wo solche nicht bestehen, insoweit, als nach einer im Reichsgesetzblatt enthaltenen Bekanntmachung die deutschen Vorrichtungen oder Sendungen in dem beteiligten ausländischen Staat einen entsprechenden Schutz genießen.

Bericht über die Beratungen und Vorschläge des Ausschusses für die Neugestaltung des deutschen Urheberrechtsgesetzes.

I. Einführung.

Nach den vom Führer selbst wiederholt abgegebenen Erklärungen, die in seinem Werk „Mein Kampf" S. 497 die oft zitierte Prägung erfahren haben,

„daß für die Menschheit der Segen nie in der Masse lag, sondern in ihren schöpferischen Köpfen ruhte, die daher in Wirklichkeit als die Wohltäter des Menschengeschlechts anzusprechen sind",

ist es außer Zweifel gerückt, daß der Schutz der schöpferischen Persönlichkeit zu den wesentlichsten Grundsätzen des nationalsozialistischen Rechtslebens und Rechtsdenkens gehört.

Die Tatsache ist für die Neugestaltung des deutschen Urheberrechtsgesetzes von ausschlaggebender Bedeutung; sie muß zu dem Bewußtsein führen, daß das nationalsozialistischer Rechtsanschauung entsprechende Urheberrecht nur geschaffen werden kann, wenn die Beziehungen der als „Urheberrecht" bezeichneten Rechtsordnung zu dem Grundsatz des Schutzes der schöpferischen Persönlichkeit klar erfaßt sind.

Dabei wird man davon auszugehen haben, daß die nach der überkommenen Rechtsprechung des In- und Auslandes als „Urheberrecht" bezeichnete Rechtsordnung nur ein Ausschnitt des Schutzes der schöpferischen Persönlichkeit ist. Das Urheberrecht schützt nicht die geistigen Gehalte des Wirkens der schöpferischen Persönlichkeit als solche, sondern ihre eigenpersönliche Prägung, die sie in einem der Wiedergabe fähigen Werk gefunden haben. Im weiten Gebiet des geistigen Schaffens hat damit der durch das Urheberrecht gewährte Schutz die stärkste Bedeutung für das künstlerische Schaffen, bei dem der künstlerische Ausdruck das Entscheidende ist. Demgegenüber bedeutet z. B. für das geistige Schaffen des Wissenschaftlers der durch das Urheberrecht in seinen bisherigen Grundlagen gewährte Schutz ungleich weniger, weil für den Wissenschaftler seine Vorträge und sonstigen wissenschaftlichen Veröffentlichungen nur die Mittel sind, mit denen er die Ergebnisse seiner schöpferischen Tätigkeit mitteilt. Auf Einzelheiten dieser Eigenart des geltenden Urheberrechtsschutzes einzugehen, ist nicht erforderlich. Diese Eigenart ist schon oft erörtert und so gut wie immer allgemein anerkannt worden.

Das Bewußtsein von dieser Begrenztheit des überkommenen Urheberrechts hätte es nahelegen können, den im Gegensatz zu den gewerblichen Schutzrechten von formalen Voraussetzungen freien urheberrechtlichen Schutz zu einem allgemeinen Schutz des Wirkens der schöpferischen Persönlichkeit auszudehnen.

Diesen Weg ist der Ausschuß nicht gegangen. Er hat vielmehr an dem Grundsatz festgehalten, daß das Urheberrecht dem Urheber Schutz für seine Werke in ihrer besonderen durch den Urheber gestalteten Prägung gewährt. Diese Prägung hat der Ausschuß in Abweichung von der bisherigen Terminologie des amtlichen Entwurfs als „eigenpersönliche Prägung" bezeichnet, um so ganz klarzustellen, daß der Ausdruck der schöpferischen Persönlichkeit in dem Werk das Wesentliche ist. Das Festhalten an dem Grundgedanken des Schutzes von Werken eigenpersönlicher Prägung bedarf in diesem Bericht keiner ausführlichen Begründung. Es kann hierzu kurz auf den Bericht des Vorsitzenden des Ausschusses für das Recht des geistigen Schaffens, Dr. v. Knieriem, in dem Jahrbuch der Akademie für Deutsches Recht 1937, S. 199ff., über den „Aufgabenkreis des Ausschusses für das Recht des geistigen Schaffens" verwiesen werden. In diesem Bericht sind die Schwierigkeiten aufgezeigt, die sich dem Schutz der schöpferischen Gedanken als solchen entgegensetzen. Bei der Größe dieser Schwierigkeiten würde daher eine Erweiterung des Rahmens des Urheberrechts über die vorerwähnten Grenzen hinaus kaum möglich erscheinen, ohne gleichzeitig an bewährten Grundsätzen der Ausgestaltung dieses Schutzes zu rütteln. Davon abgesehen, erscheint die Neugestaltung der Urheberrechtsgesetzgebung, nicht zuletzt wegen der außerordentlichen Entwicklung der Technik (Film, Rundfunk, Schallplatte), so dringlich, daß es unzweckmäßig wäre, diese Neugestaltung mit einer Erörterung der Erweiterung auf bisher für einen derartigen Schutz noch nicht erschlossene Gebiete zu belasten.

Auch wenn aber bei der Neugestaltung des Urheberrechts die bisherige Voraussetzung des Schutzes in ihrer verdeutlichten Form (Werk eigenpersönlicher Prägung) grundsätzlich beibehalten wird, dient es der folgerichtigen Festlegung der wichtigsten Grundsätze dieses Schutzes, wenn die Tatsache berücksichtigt wird, daß auf wesentlichen Gebieten des geistigen Schaffens der Schutz der schöpferischen Persönlichkeit anders gestaltet ist als im Urheberrecht.

Dieser Unterschied besteht am wenigsten, insoweit es sich beim Urheberrecht um den Schutz des Urhebers in seinen eigenpersönlichen Beziehungen zu dem Werk bzw. (im Anschluß an die Prägung von Kopsch) um den Schutz der Urheberehre handelt. Zwar hat dieser Schutz, der sich, wie noch zu erörtern sein wird, im wesentlichen auf das Recht zur Veröffentlichung, das Recht auf Anerkennung der Urheberschaft und den Schutz der Integrität des Werkes bezieht, noch auf keinem Gebiet des geistigen Schaffens eine gesetzliche Festlegung von der Eindeutigkeit erfahren, wie sie im Entwurf des neuen deutschen Urheberrechtgesetzes vorgesehen ist. Moral und Standesrecht müssen aber dazu führen, diesen Schutz der schöpferischen Persönlichkeit auch dort zuteil werden zu lassen, wo Rechtsansprüche, wie sie das Urheberrecht vorsehen wird, noch nicht gegeben sind.

Wesentlich anders liegen die Dinge bei dem Recht der wirtschaftlichen Nutzung, praktisch also bei dem ausschließlichen Recht, das Werk zu verwerten. So wenig ein Streit darüber besteht, daß es unserem Rechtsempfinden entspricht, den Schriftstellern, Tondichtern, bildenden Künstlern usw. das ausschließliche Recht zur Verwertung ihrer Werke einzuräumen, so stark haben sich bisher die Hemmungen erwiesen, dem Forscher ein ausschließliches Recht zur Verwertung seiner wissenschaftlichen Ergebnisse zuzuerkennen, soweit sie nicht zu Erfindungen führen, die dem Patentschutz zugänglich sind. Ein wesentlicher Grund hierfür ist sicherlich die Tatsache, daß die Ergebnisse wissenschaftlicher schöpferischer Tätigkeit nicht oder mindestens nicht in dem Maße eine eigenpersönliche Prägung aufweisen, wie die Werke künstlerischen Schaffens, auch wenn in der Findung der wissenschaftlichen Ergebnisse der Anteil eigenpersönlichen Schaffens sicherlich meist nicht geringer ist als beim „Urheber".

Bei dem Schriftsteller, Tondichter, bildenden Künstler usw. kann daher das ausschließliche Verwertungsrecht an die eigenpersönliche Prägung anknüpfen, ohne zu Ausschlußrechten an den geistigen Inhalten der geschaffenen Werke zu führen.

Trotz diesem Unterschied könnten aber auch gegenüber der Gewährung eines ausschließlichen Verwertungsrechts im Bereich der Urheberrechtsordnung ähnliche, nicht zu unterschätzende Bedenken erhoben werden, wie sie auch für die bisherige Ablehnung eines Schutzes des sog. „wissenschaftlichen Eigentums" maßgebend waren:

a) Sichert man den Urheber durch ein ausschließliches Verwertungsrecht, so hängen seine Einnahmen von dem wirtschaftlichen Erfolg seines Werkes ab. Daß dieses System nicht dazu führt, dem kulturell wertvollsten Urheber (dem der Gedanke des wirtschaftlichen Erfolges nicht näher liegt als dem wissenschaftlichen Forscher) auch die größte wirtschaftliche Sicherheit zu verschaffen, bedarf keiner Erörterung. Die zahlreichen Buch- und sonstigen Kunstpreise zeigen, wie auch viele andere Einrichtungen, die der nationalsozialistische Staat zugunsten der künstlerisch schaffenden Volksgenossen besonders fördert, daß die durch das Urheberrecht geschaffene Güterverteilung jedenfalls einer erheblichen Korrektur bedarf, um eine wirtschaftliche Sicherstellung der für die allgemeine Kultur wertvollen Urheber herbeizuführen.

b) Die Arbeit des echten Urhebers ist ihrem Wesen nach dazu bestimmt, Werke zu schaffen, die Allgemeingut der Volksgemeinschaft werden. Der echte Urheber gleicht nicht demjenigen, der in Ödland einen Ziergarten anlegt, um ihn dann mit hohen Mauern zu umgeben und allein darin zu leben, sondern er gleicht demjenigen, der aus diesem Ödland einen Park gestaltet, den er dem allgemeinen Verkehr widmet mit dem Wunsch, daß möglichst alle kommen, um diesen Park zu bewundern und ihn als Ausdruck ihres eigenen Schönheitssinnes zu empfinden. Es läge daher nahe, diesem Wesen des künstlerischen Schaffens entsprechend die Verwertung der von den Urhebern geschaffenen Werke nicht mit wirtschaftlichen Nutzungsrechten zu belasten, die möglicherweise gar nicht in erster Linie dem kulturell wertvollsten Urheber zugute kommen, und stattdessen die wirtschaftliche Sicherung des Urhebers auf anderen Wegen zu erstreben.

Diesen Bedenken stehen aber zwei wichtige Gesichtspunkte gegenüber, aus denen die grundsätzliche Gewährung des ausschließlichen Verwertungsrechts an den Urheber für unser Rechtsempfinden als geboten erscheint.

1. Das ausschließliche Verwertungsrecht macht die wirtschaftliche Verwertung des Werkes von der Zustimmung des Urhebers abhängig und gibt damit dem Urheber das wirksamste Mittel für den Schutz in seinen eigenpersönlichen Beziehungen zu dem Werk. Der Urheber ist in der Lage, ein persönliches Band zu dem Verwerter seines Werkes zu knüpfen, das die Kontrolle darüber erleichtert, daß das Werk unter Anerkennung der Urheberschaft und unter Wahrung seiner Integrität veröffentlicht wird.

2. Durch das ausschließliche Verwertungsrecht ist der Urheber in der Lage, einem Dritten das ausschließliche Recht einzuräumen,

das Werk auf einzelne oder alle dem Urheber vorbehaltenen Verwertungsarten zu nutzen. Er kann also dem Verwerter die Sicherheit dafür bieten, daß dieser bei Werken, deren Anerkennung durch die Allgemeinheit längere Zeit erfordert, nicht durch andere um die Früchte seiner für die Verbreitung des Werkes geleisteten Arbeit gebracht wird. Damit erfährt im Ergebnis das Schaffen von wertvollem Kulturgut im freien Wettbewerb eine wichtige Förderung und Sicherung.

Diese Rechtfertigungsgründe wird man festhalten müssen, ohne dabei aber die oben erwähnten Bedenken außer acht zu lassen, wenn man zu einer sinnvollen Ausgestaltung des ausschließlichen Verwertungsrechts des Urhebers und nicht zu einer rein schematischen, weder der Volksgemeinschaft noch dem Urheber Nutzen bringenden Anwendung des Grundsatzes von der ausschließlichen Herrschaft des Urhebers über die Verwertung seines Werkes gelangen will.

Wenn man dabei der Tatsache Rechnung trägt, daß die schöpferische Tätigkeit des Urhebers in ihren Ergebnissen für die Allgemeinheit bestimmt ist, so führt das nicht — wie in einer Kritik der deutschen Rechtsanschauung angenommen wurde — zu einer Entwertung des dem Urheber eingeräumten Herrschaftsrechts, sondern nur zu seiner klaren Gestaltung in dem Bewußtsein, daß der Schutz des Urhebers und der Schutz des Kulturgutes für die Allgemeinheit nicht verschiedenen Kategorien angehören. Der Schutz der schöpferischen Persönlichkeit wird am besten dann sichergestellt, wenn das ihr eingeräumte Recht nicht lediglich als ein durch das logische Rechtsdenken begründetes Prinzip des privaten Herrschaftsverhältnisses erscheint, sondern aus der Fülle der Wechselbeziehungen erfaßt ist, die sich zwischen dem Urheber, seinem Werk und der Volksgemeinschaft, deren Kulturgut dieses Werk sein soll, ergeben.

II. Die Vorschläge des Ausschusses.

Der Gestaltung seiner Vorschläge hat der Ausschuß den amtlichen Entwurf des Reichsjustizministeriums in seiner Fassung von 1933 zugrundegelegt. Damit hat der Ausschuß insbesondere die folgenden in grundsätzlicher Beziehung wichtigen Fortschritte dieses Entwurfes gegenüber dem jetzigen Rechtszustande übernommen:

1. Die Zusammenfassung des Urheberrechts in einem einzigen Gesetz an Stelle der bisher bestehenden Gesetze für Werke der Literatur und der Tonkunst einerseits und für Werke der bildenden Künste und der Photographie andererseits.

2. Die gesetzliche Anerkennung des Schutzes des Urhebers in seinen eigenpersönlichen Beziehungen zu dem Werk.

3. Die klare Abgrenzung des Urheberrechts gegenüber verwandten Rechten.

4. Die Regelung des Schutzes dieser verwandten Rechte (Erhaltung von Werken allgemeiner Bedeutung, Schutz des ausübenden Künstlers, Schutz der Lichtbilder, Schallplatten, Rundfunksendungen, Briefschutz) im Urheberrechtsgesetz.

5. Die Berücksichtigung der sich aus der technischen Entwicklung für die Gestaltung und Wiedergabe urheberrechtlich geschützter Werke ergebenden Folgerungen.

6. Die Regelung wesentlicher Grundsätze des Urhebervertragsrechts im Urheberrechtsgesetz selbst durch Übernahme entsprechender Bestimmungen aus dem Verlagsgesetz.

7. Die Berücksichtigung der durch die Revision der Berner Übereinkunft auf der Rom-Konferenz 1928 bedingten Änderungen der gesetzlichen Regelung.

Die Vorschläge des Ausschusses haben, wie der von ihm vorgelegte Entwurf zeigt, großenteils zu einer völligen Neugestaltung der im amtlichen Entwurf enthaltenen Bestimmungen geführt. Es erscheint im Rahmen dieses Berichtes nicht notwendig, jede einzelne der vom Ausschuß in Änderung des amtlichen Entwurfes vorgeschlagenen gesetzlichen Bestimmungen zu erörtern und zu begründen. Unter einer solchen Erörterung würde die Hervorhebung der wesentlichen Grundzüge der vorgenommenen Änderungen leiden. Im übrigen sind die Änderungen, soweit sie nicht erörtert werden, im wesentlichen aus der vorgelegten Neufassung des Gesetzentwurfes (die der Einteilung und Paragraphenbezeichnung des amtlichen Entwurfes nach Möglichkeit angepaßt ist) ohne weiteres verständlich. Darüber hinaus geben die allen beteiligten Stellen vorliegenden Protokolle der Arbeitssitzungen des Ausschusses einen Aufschluß, der zugleich den Weg erkennen läßt, auf dem der Ausschuß zu den einzelnen Vorschlägen gelangt ist.

Besonderer Hervorhebung bedürfen jedoch die folgenden **Grundsätze, die in der von dem Ausschuß vorgenommenen Neufassung des amtlichen Entwurfes zum Ausdruck kommen:**

1. Die geschützten Werke.

Bereits in der Einleitung dieses Berichts ist betont worden, daß der Ausschuß an dem Grundsatz festgehalten hat, daß der Urheberrechtsschutz an das Werk in seiner besonderen durch den Urheber gestalteten Prägung anknüpft, und daß der Ausschuß zur Klarstellung des amtlichen Entwurfs, der von eigentümlichen geistigen Schöpfungen spricht, den Begriff „eigenpersönliche Prägung“ geschaffen hat. Dementsprechend ist die Begriffsbestimmung der Werke, an die der Urheberrechtsschutz anknüpft, in § 1 Abs. 1 gestaltet.

Mit dieser Begriffsbestimmung erschien es vereinbar, den im Absatz 2 aufgeführten Katalog der Werke nur zu einer Aufzählung von Beispielen zu gestalten. Durch diesen Katalog wird zwar einerseits die Anerkennung des Urheberrechtsschutzes für andere Kategorien von Werken nicht ausgeschlossen; anderseits erfährt aber das Erfordernis eines Werkes von eigenpersönlicher Prägung eine Versinnbildlichung, die eine richtige Auslegung der Begriffsbestimmung des Absatz 1 gewährleistet.

2. Der Rechtsträger.

Nach der in den ersten 4 Paragraphen enthaltenen Bestimmung des Gegenstandes des Schutzes enthält der § 5 in der Fassung der Ausschußvorschläge den für das ganze Gesetz maßgebenden Grundsatz:

„Wer das Werk geschaffen hat, ist Träger des Urheberrechts (Urheber)“.

Auch dieser Grundsatz bedarf nach den oben unter I gemachten Ausführungen kaum einer weiteren Erläuterung. Nicht nur die Tatsache, daß das Urheberrecht dem Schutz der schöpferischen Persönlichkeit dient, zwingt dazu, das Urheberrecht nur demjenigen zuzusprechen, der das Werk geschaffen hat; die gleiche Folgerung ergibt sich vielmehr auch aus der Erkenntnis, daß der Schutz des Werkes in seiner eigenpersönlichen Prägung eine unlösbare Beziehung des Werkes zu dem Urheber verlangt, die nur dann gewährleistet ist, wenn er selbst als Rechtsträger anerkannt wird. Auch dort, wo aus wirtschaftlichen Gründen die Ausübung des Werknutzungsrechts einem Dritten zuzugestehen ist, muß derjenige, der das Werk geschaffen hat, Träger des Urheberrechts bleiben, das in seinen Grundlagen sich aus der persönlichen Beziehung zwischen dem Urheber und dem von ihm geschaffenen Werk ergibt.

3. Inhalt des Urheberrechts.

Die gleichen Erkenntnisse, die für die Bestimmung des Trägers des Urheberrechts maßgebend sind, haben auch zu der Bestimmung des

Inhalts des Urheberrechts geführt. Nach § 10 des Entwurfs umfaßt das Urheberrecht

> „den Schutz des Urhebers in seinen eigenpersönlichen Beziehungen zu dem Werk (Urheberehre) und die Verwertung des Werkes in der ursprünglichen oder einer abgeänderten Form".

Damit ist der Schutz der Urheberehre, in dem die persönliche Beziehung zwischen dem Urheber und dem seine Prägung tragenden Werk ihre stärkste Anerkennung findet, an die Spitze gestellt. Diese Beziehung ist nicht nur tatsächlich, sondern nach dem Gesetzentwurf auch rechtlich unzerstörbar und bildet, wie oben unter I dargelegt wurde, auch eine wesentliche Voraussetzung für die Zubilligung des ausschließlichen Verwertungsrechts an den Urheber. Der Ausschuß hat es daher auch abgelehnt, den Schutz der Urheberehre einerseits und das Verwertungsrecht anderseits als getrennte Rechte anzusehen. Beide sind nach Auffassung des Ausschusses vielmehr nur verschiedene Ausstrahlungen eines einheitlichen Rechts. Eine Trennung erscheint umsoweniger möglich, weil ja der Urheber mit der Gestattung der Verwertung auch über solche Befugnisse, beispielsweise das Veröffentlichungsrecht, verfügt, die seinem Schutz in den eigenpersönlichen Beziehungen zu seinem Werk dienen.

Trotz dieser in § 10 zum Ausdruck kommenden Einheit des Rechts erschien es natürlich aus Gründen der gesetzlichen Klarheit geboten, die wichtigsten Grundsätze des Schutzes der Urheberehre einerseits und die wichtigsten Zweige des Verwertungsrechts anderseits in getrennten Paragraphen (10a und 11) aufzuzählen. Für den Schutz des Urhebers in seinen eigenpersönlichen Beziehungen ergab sich dabei die Festlegung des Veröffentlichungsrechts, des Rechts auf Anerkennung der Urheberschaft und des Schutzes gegen Veröffentlichungen oder Verwertungen, die das Ansehen oder den Ruf des Urhebers gefährden würden, aus den heute allgemein anerkannten Rechtsgrundsätzen. In Übereinstimmung mit dem amtlichen Entwurf kann der Urheber über die ersten beiden Rechte verfügen, während der Schutz gegen Veröffentlichungen oder Verwertungen, die das Ansehen oder den Ruf des Urhebers gefährden würden, dem Urheber nicht durch Rechtsgeschäft entzogen werden kann.

In der Bestimmung der einzelnen Zweige des Verwertungsrechts entsprechen auch die von dem Ausschuß vorgeschlagenen Fassungen den schon im amtlichen Entwurf enthaltenen Grundsätzen.

4. Rechtsnachfolge und rechtsgeschäftliche Verfügungen.

Nachdem durch die Fassung des § 10 nicht nur die Einheit des Urheberrechts festgelegt, sondern auch der Schutz des Urhebers in seinen eigenpersönlichen Beziehungen zu dem Werk als wichtigste Ausstrahlung des Rechts anerkannt ist, ergab sich die auch schon im österreichischen Gesetz von 1936 gezogene Folgerung, eine Übertragbarkeit des Urheberrechts selbst unter Lebenden auszuschließen.

Der § 16 des Entwurfs in der vom Ausschuß vorgelegten Fassung sieht daher einen Übergang des Urheberrechts nur im Falle des Todes des Urhebers vor, da in diesem Fall die Person des Urhebers als Rechtsträger in Wegfall kommt und ein anderer an seine Stelle treten muß, um über den Schutz der eigenpersönlichen Beziehungen zwischen Werk und Urheber, also über den Schutz der kulturellen Integrität, zu wachen. Da man in der Regel davon ausgehen muß, daß der Urheber selbst am besten in der Lage ist, denjenigen zu bestimmen, der in dieser Funktion an seine Stelle treten soll, ist in der Fassung des Ausschusses die Möglichkeit geschaffen, daß das Urheberrecht nicht nur auf den Erben, sondern auch auf einen Vermächtnisnehmer übergehen kann, und daß darüber hinaus die Ausübung des Urheberrechts einem Testamentsvollstrecker übertragen werden kann.

Gegenüber dieser Regelung für den Rechtsübergang von Todes wegen kann der Urheber unter Lebenden über das ihm zustehende Recht nur dadurch verfügen, daß er, wie § 17 des Entwurfes in der Fassung des Ausschusses vorsieht, einem anderen gestattet, das Werk auf einzelne oder alle Verwertungsarten zu nutzen (Werknutzungsbewilligung) oder einem anderen das ausschließliche Recht dazu einräumt (Werknutzungsrecht). Diese Regelung entspricht auch in der Terminologie im wesentlichen dem österreichischen Gesetz von 1936, das gleichfalls zwischen den ausschließlichen Werknutzungsrechten und den nicht ausschließlichen Werknutzungsbewilligungen unterscheidet. Die Verfügung über das Verwertungsrecht erfolgt also nach Art der patentrechtlichen Lizenzverträge, wobei durch § 18 Abs. 2 die dingliche Wirkung der Werknutzungsbewilligung durch die Anerkennung ihres Vorrangs gegenüber später eingeräumten Werknutzungsrechten festgelegt ist.

5. Schutz von Werken allgemeiner Bedeutung nach dem Tode des Urhebers.

In einem engen Zusammenhang mit dem Gedanken, daß das dem Urheber eingeräumte Ausschlußrecht in besonderem Maße dem Schutze der Integrität des Werkes dient, daß also der Urheber der geborene Wahrer des von ihm selbst geschaffenen Kulturgutes ist, stehen die Bestimmungen in den §§ 53 und 53a des Entwurfs in der vom Ausschuß festgelegten Fassung, welche die Wahrung der Integrität kulturell wertvoller Werke nach dem Tode des Urhebers betreffen. Sie sollen daher vor der Erörterung der für das Verwertungsrecht aufgestellten Grundsätze kurz erwähnt werden. Die Bestimmungen der §§ 53 und 53a, deren Grundsatz bereits im amtlichen Entwurf in der Fassung von 1933 enthalten war, gehen davon aus, daß mit dem Tode des Urhebers solche Werke, die von allgemeiner Bedeutung für die nationale Kultur sind, unter dem Schutz der Volksgemeinschaft stehen.

Mit dem Tode des Urhebers erhalten also bei Werken von nationaler Bedeutung nicht nur die Rechtsnachfolger des Urhebers von Todes wegen das Recht zur Wahrung der Integrität des Werkes, vielmehr entsteht ein solches Recht auch für den Staat, der die Integrität des Werkes sogar dann zu wahren berechtigt ist, wenn die Erben einer das Ansehen oder den Wert des betreffenden Werkes beeinträchtigenden Verwertung zustimmen würden.

Nur eine den Sinn des Urheberrechts verkennende Betrachtung könnte in der Anerkennung eines solchen Eingriffsrechts in die Befugnisse der Erben eine Beeinträchtigung des Urheberrechts sehen, während sie tatsächlich in besonderem Maße den Grundgedanken des Schutzes der schöpferischen Persönlichkeit zum Ausdruck bringt: Bei Werken von allgemeiner Bedeutung soll die Wahrung der Urheberehre nicht von dem mehr oder minder starken Verantwortungsgefühl von Erben abhängen, die der Urheber möglicherweise gar nicht vorhersehen konnte, sondern es soll die Volksgemeinschaft selbst durch die zuständigen Regierungsstellen zur Wahrung der Urheberehre befugt sein, damit so die Sicherung der von den schöpferischen Persönlichkeiten der Volksgemeinschaft geschaffenen Kulturgüter verstärkt ist.

Diesem Grundgedanken, den Schutz der Urheberehre nach dem Tode des Urhebers nicht den Zufälligkeiten der Rechtsnachfolge von Todes wegen zu überlassen, entspricht es, daß auch die Verfügung über das Veröffentlichungsrecht nicht den Erben bzw. sonst nach § 16 zur Rechtsnachfolge berufenen Personen unbeschränkt überlassen bleibt. Dementsprechend enthält § 53a unter Wahrung der wirtschaftlichen Interessen der Erben die Bestimmung, daß diese ein nachgelassenes Werk auf Anordnung dem Reichsminister für Volksaufklärung und Propaganda vorlegen müssen, der die Veröffentlichung anordnen kann, wenn die Prüfung ergibt, daß das Werk von allgemeiner Bedeutung für die nationale

Kultur ist, und daß die Urheberehre durch eine Veröffentlichung nicht beeinträchtigt wird. Dabei soll jedoch entsprechend dem vom Ausschuß mit allem Nachdruck vertretenen Grundsatz, daß in jedem Fall der Wille des Urhebers maßgebend bleiben müsse, eine Veröffentlichung nicht erfolgen, wenn ihr eine letztwillige Verfügung des Urhebers entgegensteht oder der Wille des Urhebers, daß das Werk nicht veröffentlicht werde, sich aus dem Inhalt des Werkes ergibt.

6. Grundsätze des Vertragrechtes.

Entsprechend den bereits im amtlichen Entwurf enthaltenen Bestimmungen hat auch der Ausschuß es für zweckmäßig angesehen, Grundsätze von allgemeiner Bedeutung für Verträge über das Verwertungsrecht des Urhebers in das Urheberrechtsgesetz selbst aufzunehmen. Hierbei hat sich der Ausschuß im wesentlichen damit begnügt, die bereits im amtlichen Entwurf enthaltenen Bestimmungen dem neuen Grundsatz anzupassen, daß der Urheber das ihm zustehende Verwertungsrecht nicht übertragen, sondern nur Werknutzungsbewilligungen erteilen bzw. Werknutzungsrechte lizenzartig einräumen kann. Zur Begründung der in §§ 19, 21 und 22—29 enthaltenen Bestimmungen kann daher auf die Begründung des amtlichen Entwurfes Bezug genommen werden. Man wird davon ausgehen können, daß durch diese Bestimmungen die Stellung des Urhebers gegenüber denjenigen, denen er Werknutzungsrechte eingeräumt oder Werknutzungsbewilligungen erteilt hat, in zweckentsprechender Weise gesichert ist, ohne daß der wirtschaftliche Wert der Werknutzungsrechte und Werknutzungsbewilligungen in der Hand ihres Inhabers gefährdet wird. Auch dieser letztere Gesichtspunkt ist nach Auffassung des Ausschusses von ausschlaggebender Wichtigkeit, denn der wirtschaftliche Wert des Verwertungsrechts für den Urheber selbst hängt im wesentlichen davon ab, daß er Rechte erteilen und einräumen kann, durch die der Erwerber des Rechts eine ausreichende Sicherung in der Ausnutzung erlangt. Die Sicherung derjenigen, die das Kulturgut der schöpferischen Persönlichkeit der Allgemeinheit vermitteln, liegt daher im eigensten Interesse der schöpferischen Persönlichkeit selbst.

Gegenüber Bedenken, die in der Richtung geäußert worden sind, ob durch die Bestimmung des § 19 Abs. 2 die Interessen des Urhebers ausreichend gewahrt sind, mag noch darauf hingewiesen werden, daß nach Auffassung des Ausschusses entsprechend den in der Rechtsprechung vertretenen Grundsätzen langfristige Verträge über die

Erteilung von Werknutzungsbewilligungen oder die Einräumung von Werknutzungsrechten als Verträge anzusehen sind, die ein Vertrauensverhältnis der Parteien voraussetzen, dessen schwerwiegende Beeinträchtigung oder Zerstörung eine Kündigung aus wichtigem Grunde rechtfertigen würde. Derartige sich aus den Grundsätzen des allgemeinen Vertragsrechts ergebende Folgerungen ausdrücklich im Gesetz zu erwähnen, erschien entbehrlich.

Im übrigen hat sich der Ausschuß bei seinen Arbeiten mehrfach auf den Standpunkt gestellt, daß es zu den wesentlichsten Aufgaben der Reichskulturkammer bei der Fortentwicklung des Urheberrechts gehört, gesunde Vertragsverhältnisse durch die Gestaltung von Normalverträgen zu fördern. Bei der Aufstellung von Normalverträgen können in wesentlich stärkerem Maße, als dies bei Aufstellung gesetzlicher Bestimmungen möglich ist, die besonderen Verhältnisse der verschiedenen Arten urheberrechtlicher Verträge berücksichtigt werden.

7. Beschränkungen des Verwertungsrechts.

Für die grundsätzliche Notwendigkeit, in begrenztem Umfange eine freie Nutzung geschützter Werke zuzulassen, haben sich auch bei den Arbeiten des Ausschusses wesentliche neue Gesichtspunkte nicht ergeben. In sachlicher Beziehung konnten die Bestimmungen des amtlichen Entwurfs mit gewissen Änderungen und Einschränkungen übernommen werden.

Als wichtigste Änderung ist die Bestimmung anszusehen, wonach bei der Aufnahme von Werken in Schul- und Unterrichtsbücher dem Urheber eine angemessene Entschädigung zuzubilligen ist. Der Ausschuß hat sich in seiner überwiegenden Mehrheit auf den Standpunkt gestellt, daß es bei der Bedeutung, die für bestimmte Werke (z. B. Gedichte) der Vervielfältigung im Rahmen von Schul- und Unterrichtsbüchern zukommt, nicht gerechtfertigt wäre, den Urheber ohne Entschädigung ausgehen zu lassen. Der Notwendigkeit, den für die Gestaltung von Schul- und Unterrichtsbüchern zuständigen Stellen die freie Auswahl des für Schul- und Unterrichtszwecke zu benutzenden Kulturgutes zu überlassen, ist Genüge geschehen, wenn Verbotsrechte des Urhebers, soweit sie sich nicht aus einer Verletzung seiner Urheberehre ergeben, ausgeschlossen sind. Darüber hinaus darf man dem Urheber einen Anspruch auf wirtschaftliche Erträgnisse aus seinen Werken nicht deshalb wegnehmen, weil es sich um Werke handelt, die in erster Linie im Rahmen von Schul- und Unterrichtsbüchern Verbreitung finden.

Im übrigen hat der Ausschuß die im amtlichen Entwurf vorgesehenen Bestimmungen über den Filmbericht dem Gesetz zur Erleichterung der Filmberichterstattung vom 30. 4. 1936 angepaßt und auf die Rundfunkberichterstattung erstreckt. Ferner sind die in § 41 enthaltenen Bestimmungen über Beschränkungen des Aufführungsrechts eingeschränkt worden, wobei auch die Bestimmung des § 44 des amtlichen Entwurfs über das freie Aufführungsrecht für bestimmte Geschäftsbetriebe (Rundfunkhändler usw.) gestrichen werden konnte. Zu der von einer Seite angeregten Streichung der Bestimmung über die Vertonungsfreiheit des Liedes hat sich der Ausschuß in seiner Mehrheit nicht entschließen können, da nach überwiegender Ansicht diese Streichung zu einer Einengung der im deutschen Musikschaffen so wichtigen Vertonung von Liedern führen könnte. Die Rechte des Textdichters erscheinen hier durch den schon im amtlichen Entwurf vorgesehenen Anspruch auf Beteiligung an den Erträgnissen und durch sein im Falle einer Verletzung seiner Urheberehre begründetes Verbotsrecht genügend gesichert.

Bei der abschließenden Zusammenstellung der sachlichen Arbeitsergebnisse des Ausschusses hat sich jedoch noch eine erhebliche redaktionelle Umarbeitung der in den §§ 31—44 des amtlichen Entwurfs enthaltenen Bestimmungen als notwendig erwiesen. Die in dem amtlichen Entwurf vorgesehene Dreiteilung: freie Werknutzungen bei Werken der Literatur, freie Werknutzungen bei Werken der Tonkunst und freie Werknutzungen bei Werken der bildenden Künste, geht auf den amtlichen Entwurf von 1932 zurück, der alle urheberrechtlich geschützten Werke einer dieser drei Kategorien zugeordnet hatte. Der Entwurf des Ausschusses hat in Weiterentwicklung des amtlichen Entwurfs von 1933 in seinem § 1 diese Dreiteilung völlig aufgegeben, so daß sie auch in den Bestimmungen über freie Werknutzungen nicht mehr durchzuführen war.

Ferner erschien es nicht zweckmäßig, die Ausdrucksweise „freie Werknutzungen“ beizubehalten, nachdem einerseits sowohl für Schulbücher wie für die Vertonung von Liedern eine angemessene Entschädigung für den Urheber vorgesehen ist, und nachdem anderseits die Bestimmung über das Änderungsverbot und die Pflicht zur Quellenangabe eine bedeutsame Einschränkung der sogenannten freien Werknutzung enthalten. Die Bezeichnung „freie Werknutzungen“ kann deshalb zu dem praktisch außerordentlich häufigen Mißverständnis führen, daß irgendwelche Einschränkungen, wie sie sich aus der Pflicht zur Quellenangabe und dem Änderungsverbot ergeben, nicht bestehen.

Die diesbezügliche Bestimmung, die im amtlichen Entwurf ganz am Ende des Abschnitts stand, ist für die Praxis so wichtig, daß es zweckmäßiger ist, sie an die Spitze des ganzen Abschnitts zu setzen und die Bestimmung des § 46 des amtlichen Entwurfs unmittelbar folgen zu lassen. Gleichzeitig erschien eine klarere Abgrenzung der Bestimmungen über das sogenannte „große Zitat" in wissenschaftlichen Werken einerseits und über Schulbücher, bei denen es sich um Sammlungen handelt, anderseits wünschenswert. Endlich war die völlige Streichung der in § 41 Abs. 1 des amtlichen Entwurfs vorgesehenen und vom Ausschuß selbst bereits wesentlich eingeschränkten Bestimmungen vertretbar, da die im Anschluß an die §§ 38 und 41 Abs. 2 des amtlichen Entwurfs in § 39 des anliegenden Entwurfs vorgesehene Bestimmung die notwendige Beschränkung des ausschließlichen Verwertungsrechtes enthält. Man wird grundsätzlich daran festhalten können, daß der Ausschluß jeglicher Vergütung für den Urheber nur dann gerechtfertigt ist, wenn auch die vortragenden oder aufführenden Personen keine Vergütung erhalten.

8. Die Ausübung des Verwertungsrechts bei Filmwerken und die übrigen Sonderbestimmungen für Filmwerke.

Die Notwendigkeit besonderer Bestimmungen, insbesondere für die Ausübung des Verwertungsrechts, ergab sich bei der Behandlung der Filmwerke. Dabei ist der Ausschuß trotz den insbesondere von seiten der Reichsschrifttumskammer geäußerten Bedenken von folgenden Erwägungen ausgegangen:

a) Die künstlerische Entwicklung auf dem Gebiet des Films in seinen verschiedensten Erscheinungsformen zwingt dazu, das Filmwerk als eigene Kategorie urheberrechtlich geschützter Werke anzuerkennen, und zwar auch dort, wo das Filmwerk unter Benutzung eines anderen Werkes, insbesondere eines literarischen Werkes, geschaffen ist.

b) Diese Anerkennung der Eigenart und Eigengesetzlichkeit des Filmwerkes bedingt die deutliche Unterscheidung zwischen dem Filmwerk und dem etwa seiner Herstellung zugrundegelegten literarischen Werk. Unter voller Wahrung der Rechte der Urheber für die Gestaltung des Films benutzter Werke sind als Urheber des Filmwerkes nach der im Ausschuß vorherrschenden Auffassung die durch eigenpersönliche schöpferische Leistung an der Gestaltung des Filmwerkes in seiner besonderen filmischen Prägung mitwirkenden Personen anzusehen. Zu diesen kann der Urheber eines etwa dem Film zugrundegelegten literarischen Werkes gehören, wenn er an der Schaffung des Films mitgewirkt hat.

c) Eine gesetzliche Festlegung der als Filmurheber anzusehenden Filmschaffenden erscheint nicht möglich, da es auf die tatsächlichen Verhältnisse ankommt und diese je nach der Art des einzelnen Filmwerkes und nach der Organisation der Herstellung verschieden sind. Die gesetzliche Festlegung, daß bestimmte Gruppen von Filmschaffenden als Filmurheber anzusehen sind, würde daher mindestens teilweise zu einer Fiktion führen, die mit dem Grundsatz nicht vereinbar wäre, daß nur derjenige, der tatsächlich das Werk geschaffen hat, Träger des Urheberrechts, also Urheber, sein kann. Die Folgerung, daß im Einzelfall die Bestimmung des Kreises der Urheber eines Filmwerkes Schwierigkeiten bereiten könnte, muß in Kauf genommen werden.

d) Das Kostenrisiko, das üblicherweise mit der Herstellung eines Filmwerkes verbunden ist, und die Art der Filmverwertung machen es notwendig, daß der für das Kostenrisiko verantwortliche Hersteller des Filmwerkes eine eindeutige und von Zufälligkeiten im Tatbestande des Einzelfalles unabhängige Legitimation zur Verwertung des Filmwerkes erhält.

e) Trotzdem erscheint es nicht angängig, das Urheberrecht am Film dem Filmunternehmer zuzuerkennen, wie dies im amtlichen Entwurf vorgesehen war, weil auch damit der für die Gestaltung des Gesetzes tragende Grundsatz durchbrochen würde, daß das Urheberrecht seinem Wesen nach nur ein Recht desjenigen sein kann, der das Werk geschaffen hat. Bei den Arbeiten des Ausschusses ergab sich daraus (zunächst im Rahmen eines Unterausschusses und dann auch in Übereinstimmung mit den in der Zwischenzeit vorgelegten Vorschlägen des Filmausschusses im Gesamtausschuß selbst) die Folgerung, daß unbeschadet des Urheberrechts der filmschaffenden Urheber und selbstverständlich auch unter Wahrung der Rechte der Urheber von im Film benutzten Werken das Verwertungsrecht für das Filmwerk dem Hersteller des Filmwerkes zustehen müsse.

Im einzelnen ist zu den demgemäß gestalteten Vorschlägen das Folgende zu bemerken:

(1) Läßt man das Urheberrecht der filmschaffenden Urheber bestehen, so ergeben sich für die gesetzliche Festlegung, daß das Verwertungsrecht vom Filmhersteller auszuüben ist, zwei Möglichkeiten: entweder wird der Filmhersteller im Gesetz als Treuhänder der Filmurheber mit der Maßgabe eingesetzt, daß ihm in dieser Eigenschaft die Ausübung des Verwertungsrechts zusteht, oder aber es wird ihm eine gesetzliche Lizenz an dem Verwertungsrecht der filmschaffenden Urheber zugesprochen. Die erste Möglichkeit, die bei den Arbeiten des Ausschusses

zunächst vorgeschlagen worden war, hat sich bereits bei den Arbeiten des erwähnten Unterausschusses als unzweckmäßig erwiesen. Würde der Filmhersteller als Treuhänder im Rechtssinne eingesetzt, so müßte die Möglichkeit einer Abberufung und die Bestimmung des Ersatztreuhänders im Falle solcher Abberufung gesetzlich geregelt werden. Damit würde ein Zustand der Unsicherheit geschaffen sein, der mit der Notwendigkeit unvereinbar wäre, dem Filmhersteller eine klare Legitimation für das von ihm ausgeübte Verwertungsrecht zu geben. In der gesetzlichen Regelung wird man deshalb den Weg gehen müssen, daß dem Filmhersteller eine gesetzliche Lizenz an dem Verwertungsrecht der filmschaffenden Urheber eingeräumt ist, eine Lösung, die überdies auch dem österreichischen Gesetz entspricht. Mit der Zubilligung dieser gesetzlichen Lizenz ist es durchaus vereinbar, anzuerkennen, daß der Filmhersteller damit moralisch die Stellung eines Treuhänders der filmschaffenden Urheber hat, wie ja letzten Endes auch der Verleger als Treuhänder des Urhebers angesehen werden muß. Gesetzliche Folgen einer schwerwiegenden Verletzung der Treupflicht im Urheberrecht auszusprechen, erscheint mit Rücksicht auf die Einordnung der Filmhersteller in die Reichskulturkammer und die dadurch bedingte ehrengerichtliche Verantwortlichkeit entbehrlich.

Der § 19b Abs. 1 des anliegenden Entwurfs sieht demgemäß die Bestimmung vor, daß der Hersteller eines Filmwerkes mit der Herstellung des Films die den Urhebern des Filmwerkes zustehenden ausschließlichen Rechte erwirbt, die zur Verwertung des Filmwerkes notwendig sind, wobei diese Rechte im einzelnen aufgezählt sind. Den filmschaffenden Urhebern verbleibt damit, wie dies auch in Abs.2 ausdrücklich anerkannt ist, insbesondere das Recht auf den Schutz in ihren eigenpersönlichen Beziehungen zu dem Werk.

Zur Vermeidung von Mißverständnissen wird in Abs. 3 des gleichen Paragraphen ausdrücklich zum Ausdruck gebracht, daß der Hersteller des Filmwerkes den Urhebern des Filmwerkes als Gegenleistung für das ihm kraft Gesetzes eingeräumte Werknutzungsrecht eine angemessene Vergütung zu zahlen hat. Eine Bestimmung darüber, ob diese Vergütung in der Form eines einmaligen Honorars oder in Form einer Beteiligung am Gewinn zu zahlen ist, läßt sich nach Auffassung des Ausschusses im Gesetz nicht treffen, da eine einheitliche Regelung den Verschiedenheiten der in Betracht kommenden Tatbestände nicht Rechnung tragen würde. Hierüber Bestimmungen zu treffen, die den Interessen der Filmschaffenden einerseits und der Filmhersteller anderseits Rechnung tragen, wird Sache der Normalverträge sein.

(2) Die im vorstehenden Absatz erörterte gesetzliche Regelung reicht als solche nicht aus, um den Filmhersteller in die Lage zu versetzen, Ansprüche zu erheben, wenn durch Dritte das Filmwerk derart verwertet wird, daß sein geistiger oder künstlerischer Gehalt beeinträchtigt wird; denn die ihm eingeräumte gesetzliche Lizenz ist auf das Verwertungsrecht beschränkt. Um auch den Filmhersteller in die Lage zu versetzen, gegen Verschandelungen des Filmwerkes vorzugehen, ohne sich erst eine Legitimation von den filmschaffenden Urhebern verschaffen zu müssen, erschien es zweckmäßig, in § 19b Abs. 2 dem Filmhersteller das Recht einzuräumen, im Falle von Beeinträchtigungen des geistigen oder künstlerischen Gehalts des Filmwerkes bei der Verwertung Ansprüche auf Unterlassung und Schadensersatz zu stellen. Zur Vermeidung von Mißverständnissen ist jedoch in dem gleichen Absatz zum Ausdruck gebracht, daß die dem Schutz ihrer Urheberehre dienenden Rechte der Urheber des Filmwerkes und für den Film benutzter Werke durch das Recht des Filmherstellers nicht berührt werden. Daß bei der Ausübung dieser Rechte angemessene Rücksicht auf die Belange der Miturheber und des Filmherstellers zu nehmen ist, erschien dem Ausschuß zwar selbstverständlich, wurde aber zur Vermeidung von Mißverständnissen, die sich aus dem ausdrücklichen Vorbehalt des Schutzes der Urheberehre ergeben könnten, in einem Nachsatz zum Ausdruck gebracht.

(3) Mit der vorstehend in Abschnitt (1) erörterten Regelung sind jedoch nur die Beziehungen zwischen dem Filmhersteller und den filmschaffenden Urhebern klargestellt. Für die Regelung der Beziehungen zu den Urhebern der für den Film benutzten Werke ergeben sich andere Gesichtspunkte. Es ist selbstverständlich, daß jeder literarische Urheber und jeder Komponist frei darüber bestimmen kann, ob er die Benutzung seines Werkes für ein Filmwerk zulassen will. Trotzdem erschien es im Interesse der Sicherstellung der Verwertung erlaubtermaßen unter Benutzung anderer Werke hergestellter Filmwerke geboten, auch für den Vertrag, durch welchen Rechte zur Benutzung eines Werkes für ein Filmwerk eingeräumt werden, bestimmte gesetzliche Bestimmungen aufzustellen. Der Ausschuß hat daher zur Klarstellung zunächst in einem besonderen § 15 die Bestimmung vorgesehen, daß das Recht, das Werk zur Herstellung eines Filmwerkes zu benutzen, die ausschließliche Befugnis umfaßt,

1. das unter Benutzung dieses Werkes hergestellte Filmwerk zu vervielfältigen und zu verbreiten,
2. es öffentlich vorzuführen,

3. es durch Rundfunk (Raumfunk oder Drahtfunk) zu senden,
4. die Verwertung von Übersetzungen des Filmwerkes zu gestatten.

Für die in den Ziffern 1 und 2 aufgeführten Befugnisse, also die Befugnis zur Vervielfältigung und Verbreitung einerseits und die Befugnis zur Vorführung anderseits, ist im § 19a Abs. 1 festgelegt, daß sie bei der Einräumung des Rechts, ein Werk zur Herstellung eines Filmwerkes zu benutzen, eine untrennbare Einheit bilden. Damit soll vermieden werden, daß die Vorführung eines erlaubtermaßen unter Benutzung eines anderen Werkes hergestellten Filmwerkes unmöglich gemacht wird, weil eine ausdrückliche Vereinbarung unterblieben ist. Der Vorführer eines Films kann sich also darauf verlassen, daß der Hersteller, der den Film unter Benutzung eines fremden Werkes mit Zustimmung des Urhebers hergestellt hat, auch befugt ist, die Vorführung des Films zu gestatten. Für das Recht, das Filmwerk durch Rundfunk zu senden und die Verwertung von Übersetzungen des Filmwerkes zu gestatten, mußte dem Urheber des benutzten Werkes jedoch die freie Verfügungsmöglichkeit zugebilligt werden. Im Gegensatz zu den das Filmwerk schaffenden Urhebern, deren Tätigkeit sich in der Schaffung des Filmwerkes erschöpft, hat der Urheber eines für einen Film benutzten Werkes auf die Verwertungsmöglichkeiten seines unabhängig vom Filmwerk bestehenden Werkes Rücksicht zu nehmen. Er muß daher in der Ausgestaltung des Verfilmungsvertrages Freiheit haben, soweit es sich nicht um Bestimmungen handelt, die für eine Sicherstellung des Filmherstellers unerläßlich sind.

Selbstverständlich ist es, daß der Urheber eines für einen Film benutzten — also schon unabhängig vom Filmwerk vorhandenen — Werkes seiner Rechte als Urheber dieses Werkes nicht dadurch verlustig geht, daß er gleichzeitig an der Gestaltung des Filmwerkes als filmschaffender Urheber mitwirkt.

(4) Die Folge der Einräumung des den filmschaffenden Urhebern zustehenden Verwertungsrechts an den Filmhersteller und die Verknüpfung des Vervielfältigungs- und Verbreitungsrechts mit dem Vorführungsrechte beim Verfilmungsvertrag schließt es aus, daß die filmschaffenden Urheber oder die Urheber von Werken, die erlaubtermaßen für die Herstellung des Films benutzt wurden, gegenüber dem Vorführer des Films Verbotsrechte geltend machen können. Sie können also nicht die Genehmigung von Vorführungen von der Zahlung eines entsprechenden zusätzlichen Entgelts seitens des Vorführers abhängig machen. Diese Regelung greift in die bestehende Praxis insofern ein, als nach dem bisherigen Zustand die Urheber der für Filmwerke be-

nutzten Werke der Tonkunst das Vorführungsrecht durch die Stagma direkt gegenüber dem Vorführer des Films geltend machen, der demgemäß für die Genehmigung der Vorführung ein entsprechendes Entgelt auch direkt an diese musikalischen Urheber zu Händen der Stagma zahlt.

Der Ausschuß war nicht der Auffassung, daß die Beibehaltung dieser Praxis durch grundsätzliche Erwägungen über das Wesen des Urheberrechts bedingt ist. Es könnte sogar folgerichtiger erscheinen, daß der Vorführer eines Films einheitlich mit dem Filmhersteller oder der vom Filmhersteller beauftragten Verleihfirma abrechnet und nicht nach verschiedenen Seiten hin Zahlungen zu leisten hat. Hinzu kommt, daß die wirtschaftlich ungesunden Verhältnisse der Filmindustrie, die zur Sicherung des Urhebers direkte Ansprüche gegenüber dem Vorführer des Films erwünscht sein ließen, überwunden sind und ihre Wiederholung durch die Organisation der Filmindustrie in der Reichskulturkammer nicht zu befürchten ist. Trotzdem erschien es nicht angezeigt, in die bestehende Praxis einzugreifen, da sich das System für die Zahlung entsprechender Vergütungen an den musikalischen Urheber im wesentlichen bewährt hat.

Der Ausschuß hat demgemäß in den §§ 19a Abs. 3 und 19b Abs. 4 die Bestimmung getroffen, daß der Urheber eines Werkes der Tonkunst trotz Einräumung des Rechts, dieses Werk zur Herstellung eines Filmwerkes zu benutzen, und der Urheber der zum Filmwerk gehörenden Musik (also der zu den Filmschaffenden gehörende Komponist) unbeschadet des dem Filmhersteller zustehenden Verwertungsrechts das Recht behalten, von dem Veranstalter einer öffentlichen Vorführung des Filmwerkes eine angemessene Vergütung für die Vorführung zu verlangen. Um jedoch den Vorführer des Films vor der Geltendmachung von Ansprüchen von verschiedensten Seiten zu schützen, ist die weitere Bestimmung getroffen, daß ausschließlich der Hersteller des Filmwerkes ermächtigt ist, diese Ansprüche für Rechnung des Urhebers geltend zu machen, falls dieser die Geltendmachung seiner Ansprüche nicht einer zugelassenen Verwertungsgesellschaft überlassen hat. Überdies erschien es geboten, die Möglichkeit eines Verzichts auf das eingeräumte Recht mit Zustimmung der Reichskulturkammer durch schriftliche Erklärung gegenüber dem Filmhersteller vorzusehen. Damit ist die Möglichkeit gegeben, daß die bestehende Praxis aufgegeben werden kann, wenn sie sich nach Auffassung der Reichskulturkammer als überholt zeigt.

Mit Rücksicht auf den Sondercharakter dieser Praxis, die nur wegen des Bestehens der allein zur Geltendmachung der Ansprüche legitimierten staatlich genehmigten Gesellschaft zur Verwertung musikalischer Urheberrechte (Stagma) tragbar erscheint, hat sich der Ausschuß nicht entschließen können, eine ähnliche Regelung für andere Kategorien von filmschaffenden Urhebern oder Urhebern, deren Werke zur Herstellung eines Filmwerkes benutzt werden, vorzusehen. Der Grund dieser Beschränkung liegt nicht darin, daß nach Auffassung des Ausschusses der musikalische Urheber einer Bevorzugung vor anderen Kategorien bedarf, sondern einzig und allein in praktischen Erwägungen; man würde nämlich im Falle einer Erweiterung nicht beim Verfasser des Drehbuches haltmachen können; eine Ausdehnung auf andere an der Entstehung des Films schöpferisch Beteiligte würde aber zu Komplikationen führen, die eine praktische Durchführung unmöglich machen würden. Selbstverständlich ist, daß bei der Bemessung des Entgelts, das vom Filmhersteller an die übrigen Kategorien von Urhebern gezahlt wird, in den aufzustellenden Verträgen die Tatsache zu berücksichtigen ist, daß sie nicht, wie die musikalischen Urheber, eine Sondervergütung vom Vorführer des Films erlangen können.

(5) Im übrigen konnten die Bestimmungen des amtlichen Entwurfs im wesentlichen beibehalten werden, wobei allerdings der Verzicht auf das Rückrufsrecht bei der Einräumung von Werknutzungsrechten an Filmhandschriften oder sonstigen Werken, die zur gewerbsmäßigen Herstellung eines Filmwerkes verwendet werden sollen, von der Zustimmung der Reichskulturkammer abhängig gemacht wurde. Die bereits erwähnte Möglichkeit der Schaffung von Normalverträgen durch die Reichskulturkammer wird es hierbei gestatten, den Verzicht in all denjenigen Fällen zuzulassen, wo er praktisch geboten erscheint.

9. Werknutzungsrecht kraft Gesetzes.

Auch in einem zweiten Fall hat der Ausschuß in Übereinstimmung mit dem amtlichen Entwurf eine gesetzliche Lizenz an dem Verwertungsrecht des Urhebers für zweckmäßig angesehen, jedoch mit der Maßgabe, daß sie durch anderweitige Vereinbarung ausgeschlossen werden kann, und zwar bei Werken, die von Rechtsträgern des öffentlichen Rechts ohne Nennung des Urhebers herausgegeben werden. Damit soll im wesentlichen die Verwertung wissenschaftlicher Werke, die von Universitäten und Akademien unter Mitwirkung der dort tätigen Wissenschaftler herausgegeben werden, erleichtert werden, indem vermieden wird, daß diese Körperschaften in jedem Einzelfall die Einräumung der Werknutzungsrechte durch die oft zahlreichen und wechselnden Mitarbeiter nachzuweisen haben.

10. Zwangslizenz.

Die in der Frage der Zwangslizenz dem Ausschuß vorliegenden Vorschläge ergaben sich in erster Linie aus dem § 45 des amtlichen Entwurfs, der entsprechend dem geltenden Gesetz bei Werken der Tonkunst eine Zwangslizenz zur Übertragung auf Schallplatten und zur Vervielfältigung und Verbreitung dieser Platten vorsieht, wenn nach dem Erscheinen des Werkes bereits einmal einem anderen die gleiche Erlaubnis erteilt wurde; ferner war die Einführung einer Zwangslizenz für die Rundfunksendung urheberrechtlich geschützter Werke angeregt worden.

In den Beratungen des Ausschusses hat sich eine einheitliche Stellungnahme zu den vorliegenden Vorschlägen nicht ergeben, so daß lediglich in grundsätzlicher Beziehung das Folgende bemerkt werden kann:

Die in § 45 des amtlichen Entwurfs vorgesehene Schallplattenlizenz entspricht dem seit drei Jahrzehnten bestehenden gesetzlichen Zustand. Wesentliche Mißbräuche haben sich nicht ergeben, so daß das Reichsjustizministerium zur Vermeidung von Monopolbildungen und im Interesse der technischen Vervollkommnung die Beibehaltung des bestehenden Zustandes für erwünscht ansah.

Auch bei den Beratungen des Ausschusses ist das Verlangen nach völliger Beseitigung einer der Schallplattenzwangslizenz entsprechenden Regelung nicht gestellt worden. Es ist lediglich die Anregung gegeben worden, die Zwangslizenz nicht davon abhängig zu machen, daß der Urheber bereits einmal einem anderen gestattet hat, das Werk zu gewerblichen Zwecken auf Schallvorrichtungen zu übertragen und diese zu vervielfältigen und zu verbreiten, vielmehr soll sie für den Fall gegeben werden, daß der Urheber das Recht zur Vermittlung der mechanischen Vervielfältigung einer zugelassenen Verwertungsgesellschaft überlassen hat. Praktisch würde dies den Ersatz der Zwangslizenz durch einen Vertragszwang für die zugelassenen Verwertungsgesellschaften, die Rechte zur mechanischen Vervielfältigung vermitteln, bedeuten. Bei den Beratungen haben sich Bedenken ergeben, ob diese Lösung zu praktisch brauchbaren Ergebnissen führen würde, da der Urheber zur Verwertung des Rechts der mechanischen Vervielfältigung bei der leichten Kontrollmöglichkeit auf dem Schallplattenmarkt viel weniger auf eine Verwertungsgesellschaft angewiesen ist als für die Verwertung des Aufführungsrechts, wo Tausende von Unternehmungen zu überwachen sind. Die Auffassung, daß eine derartige Regelung ein brauchbarer Ersatz des geltenden und in § 45 des amtlichen Entwurfs vorgesehenen Rechtszustandes sein würde, hat daher im Ausschuß keine allgemeine Anerkennung gefunden.

Wenn der Ausschuß geglaubt hat, die Entscheidung dieser Frage ohne bestimmte Stellungnahme von seiner Seite der Regierung überlassen zu sollen, ging er davon aus, daß auch der geltende und im amtlichen Entwurf vorgesehene Rechtszustand nicht zwingend als sehr schwerwiegender Eingriff in das Urheberrecht angesehen werden muß; denn der Musikurheber kann niemals gezwungen werden, die von ihm geschaffenen Tonkunstwerke auf Schallplatten übertragen zu lassen, wenn er diese Form der Verwertung grundsätzlich ablehnt. Erst wenn er durch die Erteilung einer Erlaubnis der Übertragung auf Schallplatten grundsätzlich zugestimmt hat, können auch andere die gleiche Erlaubnis verlangen. Einer mißbräuchlichen Benutzung der Zwangslizenz zur Herstellung minderwertiger Schallplatten kann er auf Grund von § 10a Abs. 3 entgegentreten. Vielleicht könnte man überdies erwägen, ob die Inanspruchnahme der Zwangslizenz nur solchen Unternehmungen zugebilligt werden sollte, die von der Reichskulturkammer zugelassen sind, ähnlich wie dies in § 34 für die Rundfunk- und Filmberichterstattung vorgesehen ist.

Auch für die Rundfunkzwangslizenz war angeregt worden, einen Kontrahierungszwang für die zur Vermittlung des Senderechts zugelassenen Verwertungsgesellschaften vorzusehen. Ein Bedürfnis für eine derartige Bestimmung besteht jedoch nach dem geltenden Zustande nicht, da die Stagma eine Monopolstellung besitzt, die ihr bereits nach allgemeinen Rechtsgrundsätzen einen Kontrahierungszwang auferlegt. Praktisch besteht daher für die Reichsrundfunkgesellschaft keinerlei Risiko, daß die der Verwaltung der Stagma unterliegenden Werke für Sendezwecke nur unter unangemessenen Bedingungen zur Verfügung gestellt werden könnten.

Gegen die allgemeine Einführung einer Zwangslizenz für die Sendung urheberrechtlich geschützter Werke besteht das Bedenken, daß hier im Gegensatz zur Schallplattenzwangslizenz der Urheber gezwungen werden könnte, die Sendung seiner Werke zuzulassen, auch wenn er es nach seiner Auffassung grundsätzlich ablehnt, sein Werk durch Rundfunk senden zu lassen. Ein solcher Zwang erscheint kaum mit dem Grundsatz vereinbar, daß es Sache des Urhebers sein muß, zu bestimmen, ob und in welcher Form sein Werk der Allgemeinheit zugänglich gemacht werden soll. Praktisch wird ja auch kein Urheber, der nicht mit Rücksicht auf den besonderen Charakter seines Werkes dessen Verbreitung durch den Rundfunk als unzweckmäßig ansieht, darauf verzichten, der Rundfunksendung, die im besonderen Maße geeignet ist, sein Werk der Allgemeinheit zugänglich zu machen, zuzustimmen. Die Organisation aller kulturschaffenden Künstler in der Reichskulturkammer schließt es auch praktisch aus, daß die Genehmigung der Rundfunksendung von unangemessenen Bedingungen abhängig gemacht wird. Berücksichtigt man schließlich die Monopolstellung der Reichsrundfunkgesellschaft, so kann die Befürchtung kaum bestehen, daß der Rundfunk ohne Einführung der Zwangslizenz seinen kulturellen Aufgaben nicht nachkommen könnte.

11. Schutzfristen.

In der Frage der Schutzfristen hat sich der Ausschuß völlig die Vorschläge des amtlichen Entwurfs zu eigen gemacht, wonach die Schutzfrist entsprechend der inzwischen durch Sondergesetz getroffenen Regelung 50 Jahre nach dem Tode des Urhebers ablaufen soll.

Den Vorschlag, diese Grundregel auch für Filmwerke gelten zu lassen, hat der Ausschuß nach eingehender Erörterung in Übereinstimmung mit dem amtlichen Entwurf abgelehnt. Da bei Filmwerken, zumal nach Ablauf von vielen Jahren, der Kreis der als Urheber anzusehenden Filmschaffenden möglicherweise nicht mit Sicherheit zu ermitteln ist, würden sich für die Ermittlung des Zeitpunkts des Schutzfristablaufs Schwierigkeiten ergeben, wenn entsprechend der allgemeinen Regel die Schutzfrist erst 50 Jahre nach dem Tode des letztlebenden Miturhebers ablaufen würde. Bei dem besonderen Charakter des Filmwerkes erscheint es daher unbedenklich, entsprechend dem amtlichen Entwurf die Schutzfrist 50 Jahre nach der Veröffentlichung oder, wenn das Werk nicht veröffentlicht worden ist, 50 Jahre nach der Herstellung des ersten gebrauchsfähigen Abzugs endigen zu lassen.

12. Schutzbestimmungen auf angrenzenden Rechtsgebieten.

Auch in der Gestaltung der Schutzbestimmungen auf angrenzenden Rechtsgebieten konnte der Ausschuß im wesentlichen die Vorschläge des amtlichen Entwurfs beibehalten. Im einzelnen ist, nachdem der Schutz von Werken allgemeiner Bedeutung bereits oben unter Ziffer 5 erörtert ist, noch folgendes zu bemerken:

a) Im § 53b hat der Ausschuß einen 10jährigen Schutz für die Herausgeber nachgelassener Werke, sowie für die Herausgeber fremder Werke im Sinne des § 1 Abs. 4 und die Bearbeiter fremder Werke, sofern eine eigenpersönliche Leistung nicht vorliegt, vorgesehen.

Soweit dieser Schutz sich auf nachgelassene Werke bezieht, tritt er an die Stelle des in § 48 Abs. 2 des amtlichen Entwurfs vorgesehenen

10jährigen Urheberrechtsschutzes, der dem Ausschuß entbehrlich erschien. Es besteht kein Bedürfnis, den Erben über die nach der allgemeinen Regel vorgesehene Frist von 50 Jahren nach dem Tode einen Urheberrechtsschutz zuzubilligen und damit den für die Praxis höchst unerwünschten Zustand zu schaffen, daß bei nachgelassenen Werken eine Art von ewigem Urheberrecht besteht. Auf der anderen Seite wäre es unbillig, wenn der Herausgeber eines nachgelassenen Werkes ohne jeden Schutz bliebe.

Die Bestimmung über den 10jährigen Schutz der Herausgeber und der Bearbeiter fremder Werke soll in erster Linie wissenschaftlichen Editionen, bei denen die eigenpersönliche Leistung zweifelhaft ist, sowie auch Sammlungen von Volksliedern und dergleichen zugute kommen, also Werken, die der Erhaltung von Kulturgut dienen, das ohne Neuherausgabe oder Bearbeitung der Allgemeinheit verloren gehen könnte. Es ist selbstverständlich, daß durch diese Bestimmung ein etwaiger weitergehender Schutz, der sich aus den Bestimmungen in § 1 Abs. 4 oder § 3 ergibt, nicht ausgeschlossen wird.

b) Die im amtlichen Entwurf vorgesehene Bestimmung über den Titelschutz war nach der im Ausschuß überwiegend vertretenen Auffassung zu streichen, weil es zweckmäßig erschien, den Titelschutz, soweit er nicht bereits durch die Rechtsprechung auf Grund des Urheberrechts gewährt wird, den Bestimmungen des Wettbewerbsgesetzes zu überlassen.

c) Die bereits im amtlichen Entwurf vorgesehenen Bestimmungen über den Schutz des ausübenden Künstlers, die den seit Jahren gestellten Forderungen entsprechen, hat der Ausschuß in vollem Umfang übernommen.

d) Auch in der Frage des Schutzes der Lichtbilder ist der Ausschuß den Vorschlägen des amtlichen Entwurfes gefolgt. Die Auffassung, daß auch dem Hersteller eines Lichtbildes die Erlangung des vollen Urheberrechtsschutzes möglich gemacht werden müsse, hat sich nicht durchsetzen können. Die Bestimmung des § 58 im amtlichen Entwurf ist daher lediglich den sonst vom Ausschuß in Aussicht genommenen Änderungen angepaßt worden.

e) Ein entsprechender Schutz, wie er für Lichtbilder vorgesehen ist, war nach Auffassung des Ausschusses solchen Zeichnungen, Plänen, Karten, plastischen Darstellungen, Skizzen und sonstigen Abbildungen wissenschaftlicher oder technischer Art zuzubilligen, die nicht als Schöpfungen eigenpersönlicher Prägung anzusehen sind. Damit soll erreicht werden, daß das praktische Bedürfnis nach einem Schutz solcher

Werke nicht dazu führt, in jedem Schutz erfordernden Fall das Vorhandensein eigenpersönlicher Prägung und damit den vollen Urheberrechtsschutz anzuerkennen, damit so der volle Urheberrechtsschutz nur besonders qualifizierten Werken dieser Gattung vorbehalten bleibt.

f) In den Bestimmungen über den Schutz der Bild- und Schallvorrichtungen konnte der Ausschuß in Ergänzung der im amtlichen Entwurf vorgesehenen Bestimmung den in der Zwischenzeit anerkannten Grundsatz einfügen, daß der Hersteller einer Schallplatte oder gleichartigen Bild- oder Schallvorrichtung im Falle der öffentlichen Aufführung oder Sendung mit dieser Platte einen Anspruch auf angemessene Vergütung hat. Um klarzustellen, daß diesem Anspruch im wesentlichen eine kulturfördernde Bedeutung zukommt, war auszusprechen, daß bei der Bemessung der Vergütung der Inhalt und der kulturelle Wert der Leistung des Schallplattenherstellers zu berücksichtigen sind.

g) Zu den aus dem amtlichen Entwurf übernommenen Bestimmungen über den Schutz der Rundfunksendungen und das Recht an Briefen und am eigenen Bild bedarf es besonderer Bemerkungen nicht. Ergänzend ist lediglich die Vorschrift eingefügt, daß die Bestimmungen über den Schutz von Werken allgemeiner Bedeutung für Briefe, Tagebücher und ähnliche vertrauliche Mitteilungen entsprechend gelten.

13. Rechtsverletzungen.

In dem „Abschnitt über Rechtsverletzungen" hat der Ausschuß die zivilrechtlichen Vorschriften des amtlichen Entwurfs, bei denen sich grundsätzliche neue Gesichtspunkte nicht ergeben konnten, gutgeheißen, so daß nur die infolge der sonstigen Vorschläge notwendigen redaktionellen Änderungen vorzunehmen waren. Von einer Stellungnahme zu den strafrechtlichen Bestimmungen des amtlichen Entwurfs hat der Ausschuß Abstand genommen, und zwar im Hinblick auf die schwebenden Beratungen über den Strafgesetzentwurf, der nach den an den Ausschuß gelangten Mitteilungen auch die Urheberrechtsverletzungen mitumfassen soll.

Der Ausschuß hat jedoch in den prozeßrechtlichen Vorschriften des amtlichen Entwurfs zwei wesentliche Änderungen vorgenommen:

a) In § 72 Abs. 2 ist vorgesehen, daß der Reichsjustizminister die bürgerlichen Streitigkeiten auf Grund des Urheberrechtsgesetzes, soweit die Zuständigkeit des Landgerichts in I. Instanz oder als Berufungsgericht gegeben ist, für die Bezirke mehrerer Landgerichte einem von ihnen zuweisen kann.

Dieser Vorschlag ergibt sich aus der Erwägung, daß eine einwandfreie Rechtsprechung auf dem Gebiete des Urheberrechts Erfahrungen voraussetzt, die dem erkennenden Gericht nur dann zur Verfügung stehen können, wenn es ständig mit Rechtsstreitigkeiten dieser Art befaßt ist. Diese Erkenntnis hat schon früher dazu geführt, daß in Urheberrechtsstreitigkeiten, bei denen auf Grund der Bestimmung von § 32 ZPO. eine Klageerhebung in verschiedenen Gerichtsständen möglich war, der Kläger den Prozeß vor solchen Gerichten anhängig machte, die auch sonst viel mit Rechtsstreitigkeiten dieser Art befaßt waren. Auf Grund ähnlicher Erfahrungen auf dem Gebiete des Patentrechts ist durch das neue Patentgesetz von 1936 und die auf Grund dieses Gesetzes ergangene Anordnung des Reichsjustizministers die landgerichtliche Rechtsprechung in Patentsachen bei 6 deutschen Landgerichten konzentriert worden. Nachdem so bereits ein Vorbild geschaffen war, erscheint es, zumal bei der Verwandtschaft zwischen Urheberrecht und Patentrecht, zweckmäßig, auch für urheberrechtliche Streitigkeiten den gleichen Weg zu beschreiten.

b) Um darüber hinaus auch sonst eine möglichst einheitliche Rechtsprechung zu gewährleisten, erschien es dem Ausschuß zweckmäßig, die Schiedsgerichtsbarkeit für urheberrechtliche Streitigkeiten auszuschliessen, es sei denn, daß mindestens ein Streitteil Ausländer ist. Unter Vermeidung jeglicher Zersplitterung wird damit die Erledigung aller Streitfälle durch die staatlichen Gerichte, die, zumal nach der beabsichtigten Konzentration der Rechtsprechung, über große Erfahrungen verfügen werden, sichergestellt.

14. Mitwirkung der Reichskulturkammer.

Nachdem das gesamte kulturelle Schaffen auf den durch das Urheberrecht geregelten Gebieten in der Reichskulturkammer zusammengefaßt ist, ergab sich als Selbstverständlichkeit die für die Urheberrechtsgestaltung wichtige Folgerung, daß der Reichskulturkammer eine wesentliche Aufgabe auch für die Pflege und Fortentwicklung des Urheberrechts zufällt. Ein außerordentlich bedeutsames Tätigkeitsfeld für die Reichskulturkammer auf den Gebieten des Urheberrechts, nämlich die Gestaltung von Normalverträgen, ist in diesem Bericht bereits mehrfach betont.

Der Ausschuß hat es daher auch als geboten angesehen, diese Aufgabe der Reichskulturkammer im Gesetz ausdrücklich festzulegen. Demgemäß ist im § 81a Abs. 1 der Grundsatz ausgesprochen:

Die Fortentwicklung des Urheberrechts, insbesondere auch durch Gestaltung von Normalverträgen zu pflegen, ist Aufgabe der Reichskulturkammer.

Erkennt man die Fortentwicklung des Urheberrechts als eine der wesentlichen Aufgaben der Reichskulturkammer an, so wird man der Reichskulturkammer auch die Möglichkeit gewähren müssen, bei der Rechtspflege auf dem Gebiete des Urheberrechts aufklärend mitzuwirken. Um dieses Ziel zu verwirklichen, hielt es der Ausschuß für zweckmäßig, unter Verzicht auf die im bisherigen Gesetz vorgesehenen Sachverständigenkammern, durch die im § 81a Abs. 2 vorgesehene Bestimmung die Reichskulturkammer zu ermächtigen, gegebenenfalls unter Mitwirkung anderer zuständiger Reichsminister Sachverständigenausschüsse zur Abgabe sachverständiger Gutachten zu bilden. Darüber hinaus ist in § 81 a Abs. 3 die Befugnis der Reichskulturkammer anerkannt, in Rechtsstreitigkeiten auf dem Gebiet des Urheberrechts einen Vertreter zu entsenden, der auf sein Verlangen jederzeit gehört werden muß, der also an der Klärung des Streitstoffes in rechtlicher und tatsächlicher Beziehung mitwirken kann, ähnlich wie dies im neuen Patentgesetz von 1936 für den Vertreter des Reichspatentamtes vorgesehen ist. Damit wird zugleich eine enge Fühlungnahme zwischen den zur Entscheidung über Urheberrechtsstreitigkeiten berufenen Gerichten und der Reichskulturkammer erzielt, die für das Zusammenwirken dieser Instanzen an der Fortentwicklung des Urheberrechts nur von Gewinn sein kann.

15. Anwendungsbereich des Gesetzes.

In den Bestimmungen über den Anwendungsbereich des Gesetzes wurden nur die im Hinblick auf die Vorschläge des Ausschusses für die Gestaltung des Gesetzes notwendigen redaktionellen Änderungen vorgenommen.

Von einer Beratung der Übergangs- und Schlußbestimmungen hat der Ausschuß Abstand genommen.

FSC
www.fsc.org
MIX
Papier | Fördert
gute Waldnutzung
FSC® C083411

Kolibri 360 GmbH
Ferdinand-Jühlke-Straße 7
99095 Erfurt, Deutschland
produktsicherheit@kolibri360.de